司马懿

忍者为王

郭瑞祥 著

北方联合出版传媒(集团)股份有限公司
万卷出版有限责任公司

图书在版编目（CIP）数据

司马懿：忍者为王 / 郭瑞祥著. —沈阳：万卷出版有限责任公司，2023.3

ISBN 978-7-5470-5780-3

Ⅰ. ①司… Ⅱ. ①郭… Ⅲ. ①司马懿（179-251）—传记 Ⅳ. ①K827=361

中国版本图书馆CIP数据核字（2021）第214260号

出 品 人：王维良
出版发行：北方联合出版传媒（集团）股份有限公司
万卷出版有限责任公司
（地址：沈阳市和平区十一纬路29号　邮编：110003）
印 刷 者：辽宁新华印务有限公司
经 销 者：全国新华书店
幅面尺寸：160mm × 230mm
字　　数：230千字
印　　张：16
出版时间：2023年3月第1版
印刷时间：2023年3月第1次印刷
责任编辑：张洋洋
责任校对：张　莹
装帧设计：马婧莎
ISBN 978-7-5470-5780-3
定　　价：42.00元
联系电话：024-23284090
传　　真：024-23284448

序　言

这个世界，堪称人物的人毕竟不多。

历史上的司马懿，是一位备受关注而又饱受争议的人物。

政治上，诽议他的人定义他为白脸奸臣，辜负了曹氏三祖的信任，欺负皇室孤儿寡母，发动政变，颠覆皇权，拘禁公室，为子孙取而代之打下基础，甚至极言其一开始投靠曹魏，就怀着篡位夺权的野心，是一位长期掩藏自己真实政治意图的伪装者。欣赏他的人，说他对曹魏政权忠心耿耿，从无二心。明证是，后期他大权在握，但对皇帝、太后恭敬如前，没有丝毫僭越。他还多次拒绝皇帝赐封相国、公爵、九锡，说明他在主观上是竭力维护曹魏政权的。对于诛杀曹爽，则因曹爽乱政在先，司马懿拨乱反正，是曹魏功臣。

军事上，诽议他的人说他同诸葛亮作战，占据各种有利条件，却屡屡损兵折将，最后龟缩不出，可见军事才能之有限。欣赏他的人说，同诸葛亮作战，坚守不出，正是抓住了对方弱点而采取的有效措施，达到了战略目的，展现了司马懿不拘一格的作战能力。司马懿一生擒孟达、拒诸葛、败公孙、伐王凌，大大小小战役，从来没有失败过，可谓用兵如神。

性格上，诽议他的人称他阴险、狠毒，不择手段。为了麻痹曹爽，他在病床上忍耐将近两年；为了给自己树威，他把张郃当作牺牲品；为了建功立业，孟达本来有希望争取到自己阵营上来，偏偏要拿起屠刀……欣赏他的人谓之刚正、坚韧，是非分明，说他诛曹爽，不是为了一己之私，而是为了国家，赞他拨乱反正，任用贤能，擢拔人才，不看门第，不论亲疏，不搞党同伐异。

千百年来，有人想要他遗臭万年，有人想为他翻案正名。

所以，司马懿是一个有背景、有故事、有个性的人，是一个值得后代阅读的人。

本书试图通过对司马懿人生经历的描述，揭示影响他成功的社会环境和神秘的家族力量，为读者理清历史发展脉络，透析人生荣辱规则，真实地再现魏晋时期波澜而诡秘的社会风云。

这是一页历史，也是一段故事。我们走近他，会有意想不到的收获。

目录

第一章

拒绝辟召：家族策略

报恩还是求才，曹操的一石两鸟

汉献帝建安六年，公元 201 年。

这年的春天过于张扬了一些，刚过寒食，太阳就迫不及待地展示其无与伦比的威力，像一团熊熊燃烧的火球，将大地烘烤得一团焦躁。通往许都（今河南许昌市）的驿道旁，间隔且不规律地生长着几棵垂柳，耷拉着脑袋，昏昏欲睡。稀稀疏疏的麦苗蔫伏在田垄上，同春日万物萌发的生机格格不入。远处几棵古老的榆树和皂荚，庞大的树冠刚刚泛出新绿，在一处破壁残垣的村落中间，分外扎眼。

驿道上，一辆安车徐徐而来。安车是一种有车厢、有座位的马车，在当时属于“豪车”一族，只有达官显贵才有资格享用。

一位老者端坐安车之上，目不斜视，面无表情，不悲不喜，不怒不嗔，如青灯古寺里的老僧，对世间万象熟视无睹。

老者叫司马防，字建公，河内郡温县孝敬里（今河南温县安乐寨村）人氏，这趟许都之行，是受邀而来。

邀请老者的，就是大名鼎鼎的曹操曹孟德。曹操彼时的职位是司空，名义上负责监察百官，代表皇帝接受百官奏事，其实独揽朝纲，奉天子以令诸侯，是令人望而生畏的风云人物。

曹操和司马防其实是老相识，当年，他们认识的时候，许都还是一个叫许县的普通小城，天子还住在洛阳。曹操的父亲曹嵩舍得花钱捐买太尉，却不注重子女教育，对孩子实行放养政策，以至于幼时的曹操十分顽劣，亲戚朋友都避而远之。曹嵩却不管不问，坚信树大自然直。这样，曹操年轻时就是洛阳城里有名的官二代、公子哥、小混混，整日无所事事、惹是生非。那时，司马防已经当上了都城洛阳的最高长官——洛阳令，全国最重要的一个县长。为了教育改造曹操这个“失足青年”，他举荐曹操做了洛阳北部尉，相当于洛阳城北部的警备队长，整日带着巡防队员，巡视、警戒，维持治安。这是曹操平生第一个职务，由此开始了官僚生涯，自然，他对司马防心存感激。

后来，世道乱了，先是黄巾军揭竿起义，再是凉州军阀董卓杀进京城，踧扈朝政，扰乱朝纲。

这时候的司马防，是可以有所作为的，就像王允密谋刺杀董卓，或者袁绍愤而离京，扯起讨逆的大旗。但他放弃了抗争，选择了隐忍。董卓挟持皇帝从洛阳迁都长安，司马防继而随波逐流，跟着董卓做了长安所在地区最高长官——京兆尹，官升一级，相当于省辖市市长。不过，隐忍不代表顺从，他对自己的家族做出了一个重大决定，让长子司马朗带着家眷和兄弟姐妹离开朝堂，回到老家温县孝敬里，暂时避开政治旋涡。

老谋深算的司马防懂得，鸡蛋不能放在一个篮子里，特别是对董卓这样一个不争气的恶魔，不能抱太大的希望。

在以后的几次政治站队中，司马氏都选择分摊风险，也算是家传智慧吧。

之后，各路诸侯借讨伐董卓之机，纷纷自立，相互残杀。这当儿，曹操从陈留起兵，逐渐独霸中原，进而奉迎天子，成为全国最有势力的人。而司马防告老还乡，顶着个骑都尉的空衔，实际上在家赋闲，阖门自守。

十年河东，十年河西。青取之于蓝，而青于蓝。

曹操在官渡新败袁绍之后，意气风发，大有统一天下之势。他抑制不住内心的兴奋，想起曾经的恩人，于是向司马防发出了邀请函。

曹操把司马防请来，备酒设宴，款待故人。二人把酒临风，相谈甚欢。酒至半酣，叙及旧情，曹操醉意微醺，志得意满地问：“司马公，你看我现在回头做个尉官怎么样？”

曹操的言外之意，你推荐我做尉官时，没有看出我乃将相之才吧。这是在炫耀，又是在揶揄。司马防一脸平静，丝毫无谄媚恭维之色，并且老实不客气地说：“那个时候，你也只适合做个尉官。”

曹操不是个小肚鸡肠的人，知道司马防一向耿直庄重，也不和他计较，哈哈一笑，转换话题，聊起司马防的家事。

司马防有八个儿子，每个儿子的表字中都有一个“达”字，时人称之为“司马八达”。其中大公子叫司马朗，字伯达，二公子叫司马懿，字仲达，三公子叫司马孚，字季达。其他诸子，年纪尚幼，后来在历史上也籍籍无名，不过同路人甲一样是吃瓜群众，我们暂且略过。

彼时长子司马朗已经在曹操手下做事，外派做了县令。曹操先是夸奖司马朗才学渊博，见识高远，如果再加历练，假以时日，必是栋梁之材，然后话锋一转，谈起司马防的二公子。

“司马公，二公子今年也已成人了吧？”

“多谢孟德牵挂，犬子懿儿虚度二十二岁。”古人称字表示尊重，只有称呼自己或者小辈，才直呼其名。

“恩人教子有方，儿子们一个更比一个强，仲达年纪轻轻，在外面的名声已经超过伯达。昨天，河内郡太守呈上来的孝廉，名册里有令公子仲达，听说他正在河内郡做上计掾，统计户口，征收粮款，这些琐碎的事情把孩子的才能都埋没了。我想见识见识令郎，准备辟召他到府中做事，司马公有什么意见吗？”

汉代擢用人才，先由乡里举荐到郡县，再由郡县举荐到朝廷，朝廷根据被举荐人的社会名望和影响，决定是否选用。朝廷选用叫“征聘”，王公选用叫“辟召”，二者统称“征辟”。征辟过来的人，就正式踏入仕途，这是当时常规的入职做官的途径，犹如后世的考取进士，一般人求之不得。

曹操本想借机还司马防个人情，也让司马防高兴一番，不料司马防并没有想象中的兴奋和激动，客气地说：“儿孙自有儿孙福，危乱之世，不求富贵，但求平安。我倒是想把孩子们拴在身边，看着护着，不要出事就好。不过，鸟总是要飞入云霄，骏马总是要奔赴草原，至于选择什么样的道路，让他们自己决定吧，我是不管啰。”

司马防有自己的想法。现在天下形势未明，长子在曹操帐下听用，如果次子再入司空府，将来一旦天下有变，一家人将万劫不复。俗话说狡兔三窟，当为司马家族留条后路，才是明智之举。司马防纵然狷介耿直，却并不迂腐，在这乱世之中，人生如飘絮，生死如草芥，还是要多长个心眼才是。

面临人生和家族重大抉择时，难免明哲保身、趋利避害，这是司马防的哲学，也是他留给八个子女的财富。而司马防一生，除了教养八个孩子，举荐曹操，再无其他可圈可点的业绩。乱世中随波逐流、随遇而安，做个悠闲自得的人，也算精于世故。

曹操热脸贴了个冷屁股，虽然有些沮丧，不过他是真心打算征用司马懿的。前年他曾屯兵河内，听说过这个人的才能。“青青子衿，悠悠我心”，对有志青年，他一向虚怀若谷。

看得见天下，看不透风云

河内郡，温县。

温县地处黄河、济河、沁河冲积平原，土地肥美，物产丰饶。境内唯一的高地，是东西走向，绵延几十里的清风岭。司马防的家，就坐落在清风岭上。

清风岭距黄河四十里，岭上植被茂盛，树木葱郁，荫翳蔽日。天气晴好之时，可以看见黄河南岸的邙山；入夜，天籁寂静，黄河涛声依稀可闻。岭周围一马平川，有风飒然而至，坦然为乐，因此得名清风岭。清风岭脚下，蟒河从太行山蜿蜒而至，向东注入黄河，所以清风岭又叫蟒岭。

如果不是战争，清风岭，真是谈经论道的世外桃源。

享有盛誉的颍川隐士胡昭曾说过，清风岭居高临下，远处浩瀚黄河，有大气，近处蟒河清澈，有灵气，北眺太行巍巍，南望北邙纤秀，若隐若现，这里是盘龙踞虎的风水宝地。

胡昭字孔明，对，跟大名鼎鼎诸葛亮一样的字。他出生于公元 161 年，这一年，涿州也有一位小孩呱呱坠地，取名刘备。六十年后，刘备在成都称帝，成为三国雄主之一。

胡昭有位忘年交，就是司马防的二公子司马懿。

司马懿生于公元179年，和胡昭相差十八岁，但这不妨碍两人成为至交。中原动乱时，冀州在袁绍统治下，秩序尚好，司马朗曾带领着弟弟司马懿和全家到冀州黎阳（今河南浚县）避乱，彼时胡昭也在冀州，二人机缘巧合，一见如故。胡昭精通易理，有识人之能，预言司马懿定有大作为，于是对他倍加关切。

从冀州回来后，司马懿居住在河内郡，胡昭隐居在颍川陆浑山（今属河南省嵩县），河内郡和陆浑山中间刚好隔着洛阳。胡昭闲云野鹤，经常跨过黄河，前来探访司马懿，甚至流连数月。

二人因此交情甚笃。

此时，胡昭和司马懿盘坐在清风岭的坡沿，望着缓缓东流的蟒河水，许久一言不发。

终于，胡昭按捺不住："天下汹汹，群雄并起，司马兄弟已过弱冠，新近又成了家，怎能埋没乡里，宜早作打算。"

司马懿叹道："父亲从小教导我们兄弟忠君报国，然国在何方！汉室衰微，恨不早生数年！"

胡昭故意试探司马懿，说："今曹操荡平群雄，大有中兴汉室的迹象，司马兄弟不必长吁短叹。"

"曹操治世能臣，乱世奸雄，挟天子以令诸侯，等诸侯平复，只怕汉室亦不复存在。"

司马懿的高祖为武将，官至征西将军，曾祖、祖父转而攻读圣贤书，都做到太守，等到父亲这一辈，是天下闻名的大儒。他们世受汉恩，对汉室怀有深厚的感情，祖祖辈辈讲的都是忠义仁爱。如今汉室将倾，一下子从感情上抛弃汉室，心里总不是滋味。

胡昭免不得向司马懿讲一些国运兴替的道理，司马懿沉默不语。

司马懿机心深重，今天和胡昭长谈，其实是想借此吐露心迹，听听胡昭的看法。

司马氏是河内大族，与河内郡守多有来往。当时的河内郡守叫魏种，曾经深得曹操信任。兖州士族曾经反叛曹操，曹操自负地说：“唯独魏种不会背叛我。”不料魏种还是投了敌人！曹操非常恼怒，誓言对魏种决不宽恕。等到平定叛乱，生擒了魏种，曹操却又爱惜人才，不忍杀他，任命他为河内郡守。不过自此以后，魏种就成了边缘化的人物，在曹操面前说话没有了分量。魏种在曹操处不得志，只好笼络本地土豪，和司马氏这样的大家族来往密切。郡里举荐孝廉，朝廷延揽人才，魏种自然不会瞒着司马懿。

老爸司马防早已将曹操打算辟召他的消息飞马传报。

对于世家大族来说，选择主公是一件关乎家族兴衰荣辱的大事。如果侍奉的势力在乱世中被消灭，这个家族也走向低谷，甚至会被株连九族，招来灭门之祸。

老谋深算的司马防，和日臻成熟的司马懿，绝不会拿家族利益去冒险。他们经过谋划商议，决定拒绝曹操的辟召。

司马懿把家族的决策告诉了胡昭，并陈述了理由。

汉室衰微，曹操弄权，接受曹操辟召，是在为汉室做事，还是在为曹操做事，这是司马懿最纠结之处。

曹操挟持皇帝，终有一天会暴露于世，彼时，会不会像董卓一样引起公愤，难说。

天下形势，如乌云压顶，曹操虽然击败袁绍，但黄河以北还在袁氏手中，最终谁会拨云见日，定鼎天下，说不准。

魏种是被冷落之人，他举荐的人才，恐难以为曹操重视，也难以见容于同僚。

另有一条原因，司马懿不便说出口。曹操出身本已低贱，用人又是“唯才是举”，让自己和那些出身低贱的人在一起共事，司马懿着实感到屈辱。

这是世家风范。

江山社稷，何去何从，还需要观察。

待司马懿说出自己的真实想法，胡昭拍拍司马懿的肩膀：你就是只鹰，是只狼，瞅不准的时候绝不轻易出击，瞅准了必是致命一击。兄弟，你挺瘆人的，可哥哥就是喜欢你这一点。

司马懿纠正他：不是瘆人，这是乱世里的生存之道。

要么做得最好，要么不做，绝对不能一时冲动，轻率选择。

这时，茂密的枝叶中传出一声鸹鸣，划破宁静的丛林。随即，一切又归于沉寂。

这个女子不简单

司马懿决定演一出戏给曹操看。

这出戏的主题是装病，主角是司马懿，配角是他新婚不久的妻子。

风痹是肢节病，因风湿侵袭而起，麻痹无知觉，轻者手脚不利索，重者四肢如枯木，不能伸屈，不能挪动，生活不能自理。司马懿装的就是风痹症，他对外宣称，自己患了风痹症，整天躺在床上，吃饭喝水，拉屎撒尿，都得靠妻子照料。

司马懿妻子张春华，是年十三岁，娘家在孝敬里东五十里的平皋县（今属温县），父亲张汪在河西粟邑（今陕西省白水县）任县令。

新婚宴尔，在司马懿眼里，娇小玲珑的妻子还是个孩子，需要关心、照顾。不过张春华很懂事，虽是大家闺秀，可厨房针黹，样样勤快，打理家务，井井有条，还侍弄自家的一块菜地，像模像样。

司马家族是大户，孝敬里几条街都是司马家的宅院，原本清风岭下还有几十亩农田。但是，司马朗从洛阳归乡，又从家乡到黎阳避难，两次迁徙，散尽家产，如今算不上富裕。司马懿和父亲商量，把农田租给庄上的农户，自己守着家中一处宅院，专心读书。他的家里只买了一个婢女，和张春华年龄相仿，帮助张春华做一些粗活。

演戏求"真"技，要演就出效果。只有彻底卧病在床，生活不能自理，这样曹操才会放过他。为掩人耳目，张春华把司马懿安置在家里的主房，对外放风说司马懿不小心从马上摔了下来，引起多年的风痹症复发，瘫卧床上，四肢没有知觉。张春华亲自料理起居，不让他人进出，即使家里唯一的婢女，也不知晓真情。

然而还是摊上事儿了。

司马懿嗜爱读书，经学、文学、兵学、史学、天文、地理，博闻强记，无所不读，家中有很多藏书。当时的书大多为竹简，天气变热，气候渐渐濡湿，窝了一冬天的竹简需要拿到院子里晾晒。也是合该有事，这一天，上午还是朗日晴空，过了晌午，忽然狂风大作，飞沙走石，不知从哪个方向飘过一大片乌云，整个天地顷刻黯淡、阴沉，眼看一场暴雨即将倾盆而下。司马懿在屋里看见心爱的书籍被狂风刮得啪啪作响，简页翻飞，好像在与狂风撕扯、搏斗，不禁心急如焚。张春华去菜地还没有回来，婢女也不知哪里去了。怎么办？司马懿顾不得想那么多，拉开屋门，一个箭步跑了出来，飞快地去收拾那些书籍，哪里还有半点风痹病人的样子！

就在这时，他看见婢女从另一间屋子里跑了出来。原来，婢女中午贪睡，这个时候才觉察到变天，想起了院子里晾晒的书籍。她跑出屋子一看，惊呆了——男主人不是生病瘫卧在床上吗，怎么这会儿生龙活虎地捡书呢?！

顿时，司马懿和婢女都很尴尬。

这场戏就这样穿帮了。

这一幕没有逃过另一个人的眼睛，那就是刚刚从菜地里回家的张春华。但她什么也没有说，悄悄躲了起来。

收拾好书籍，重新回到屋子里的司马懿像霜打似的，蔫了。精心排练的戏还没来得及上演，就被剧透了，这要传到曹操耳中，装病逃避辟召，欺君罔上，岂不是杀头之罪！司马懿一贯沉着老成，这会儿也想不出一个好主意。

威吓？收买？辞退？讲道理？这些司马懿都想过了，但都不牢靠。一位十二三岁的小姑娘，没有文化、没有城府，不晓得祸福利害，怎能保证有一天不会脱口而出？

刚才被风刮了一阵子，这会儿又苦思冥想费脑子，司马懿真的病了起来。头发热，身发冷，竟昏昏沉沉睡了过去。

一觉醒来，司马懿感到病似乎好了许多，头也轻松多了，额头上还蒙着块湿布。他慢慢地睁开眼睛，看见张春华正坐在床前，缝补着针线，一切如往常一般。他于是把刚才的事情告诉了张春华。

这个时候，他只有张春华一位同一战壕里的战友！

“放心，我已经封住了她的口。”十三岁的张春华并没有表现出丝毫的惊讶和不安，只是平静地说。

“……”司马懿不解地望着张春华。

“她死了。”张春华口气中含着冷漠。

司马懿忽地坐了起来。这一下，他的病真的好了。

张春华杀死了婢女！而且，她没有表现出丝毫的慌乱，歉疚，抑或兴奋，得意。

天下最毒妇人心，她有着与这个年龄不相称的成熟。

她的成熟，让人不寒而栗！

缓过神儿来的司马懿又喜又悲。喜的是，他的人生中将会有一位干练的亲密战友；悲的是，每日，他都要与一位毒辣的杀手同床共枕。

不管怎样，这个女人不简单，让他刮目相看。

装病，司马懿的绝学

司马懿装病不久，曹操派来的使者就赶到了。

在当地官员的陪同下，使者敲开司马懿家的大门。

司马懿的宅子在一段长长的胡同里，大门开在院落的一侧，院落不大，往里走，有一处过厅，过厅左侧是会见外客的地方，右侧则是司马懿的书房。穿过过厅，两侧厢房，一侧前不久还住着下人，另一侧放着一架布机，是张春华纺线织布的地方。正冲着过厅的，就是主屋了，当地人叫作上房。房屋是土坯垒成，墙体很厚，配上小小的格子木窗，院子里阳光朗照，主屋显得阴凉而黑暗。

司马懿躺在里间，光线更暗。适应一会儿以后，使者始看清司马懿躺在床上，脸色苍白，除了脖子扭动，四肢和躯干像一截木头。一条腿上还绑着块粗布，隐隐有血污的痕迹。张春华使尽吃奶的力气把他上半身扶起，把被子垫在背后，使他能够坐着和使者说话。这时，使者闻到一种腥臭味道，是那种长期卧床产生的汗臭、屎尿腥臊，以及在潮湿房间里霉变、发酵的味道。使者想用手掩鼻，想了想还是放弃了这种不礼貌的举动，心里哀叹：好好的一位准名士，就这样废了，然后强制自己听完关于司马懿小时候曾经患过风痹的情形，以及前一段时间从马上掉下来的经过，敷衍几句，匆匆回去复命。

刚刚取得官渡之战大捷的曹操，正憧憬着天下归一的愿景，并没有特别在意这个小自己二十四岁的年轻文人。此时曹操正处于鼎盛时期，手下谋臣武将济济一堂，像司马懿这样的小角色，在曹操心目中，最多也只是锦上添花罢了。

但是，卓越的政治人物，具有天生的敏锐性，第六感官提醒他，这里面极可能有猫腻。略一思忖，就明白了个大概。

从来没有听说过司马懿小时候患过风痹症。河内离洛阳不远，司马防又长期在洛阳工作，司马懿要是有个稀奇古怪的病症，同僚间应该有个传闻才对。现在辟召司马懿，他刚好就得病了，这也太巧合了。

世上的偶然都事出有因，曹操相信天命，相信因果。

曹操得出一个自己也不相信的结论：难道是装病？！那么装病的目的是什么呢？曹操一时想不通。官渡战役之后，曹操众望所归，他信心满满，相信自己能够统一天下。所以，他不相信有人故意躲着他走。

曹操一向以周公自喻，渴望天下归心，如果人才从自己的眼皮底下藏匿或者溜走，岂不成为天下笑柄？曹操决定再次派人试探司马懿。

曹操亲授权谋，当如此如此。“哼，跟我斗！”曹操心想，你还太嫩！

这是司马懿同曹家第一次过招。

使臣这次没有惊动地方官吏，他直接来到司马懿家宅周围，像个特务似的蹲守一天，为的是从出入人员中发现蛛丝马迹。如果能够亲眼看见司马懿，那是再好不过了，一切将真相大白。可惜，一整天，除了张春华出入一次，再未见司马懿房门口有人晃动。一直等到晚上，使臣无奈，只好用上最后一招。

那时即使豪绅大院，比起现在普通人家也简陋许多。使臣轻而易举进入司马懿家中，听听张春华在厢房织布，织布机吱扭吱扭地响着，间杂着唰唰的穿梭声，好像故意掩盖黑夜里的阴谋。使臣没有多想，绕过厢房，直接进了上房主屋。

昏暗的煤油灯下，司马懿蓬头垢面，睡得死气沉沉。使者拿出一根银针，故意在司马懿眼前晃了晃，像是示威：坦白从宽，抗拒——我可要下狠手了。当然，这一切都是徒劳，熟睡中的司马懿什么也不知道。于是，使臣口中默默念叨：不要怪我心狠，你要是真得了风痹，浑身麻木，我这一针扎下去，你也不知疼痛。要是装病，那是你自作自受，我也帮不了你了。念叨完毕，一针就扎进了司马懿的脚底。

脚底是人身上最敏感的部位之一，正常的人连瘙痒都经受不起，若是受到针扎，一定奇痛无比。使者用这一招试探司马懿，也是对症下药。

然而，司马懿依然在梦中酣睡，连个寒战都没打。

这就是司马懿的过人之处：坚韧如山，能忍难忍之痛。这种品质，正是做大事者所必需的。

使者带着确凿无疑的信息回去向曹操复命。辟召司马懿的事情，就像历史长河里漂过的一滴小小水珠，没有激起一滴浪花。

曹操阴郁的脸色释然的时候，张春华正在家里为司马懿处理着伤口。

如果司马懿穿越到现在，最适合他的职业也许不是政治家，而是演员。凭他卓越的装病表演，足以问鼎奥斯卡大奖。

这一次，只是牛刀小试。四十七年之后，他将再一次以床为舞台，演一场病情戏，并一举问鼎权力巅峰。

奥斯卡大奖，比起江山易主，实在不值一提。

小人物是怎样死掉的

得到使者的报告，曹操把辟召司马懿这一页轻轻地翻将过去。他不能把太多精力放到一个未出茅庐的毛头小伙身上，他有更重要的使命要去完成，他要统一天下！

虽然经历了官渡之战，袁绍实力大损，但百足之虫，死而不僵，袁绍地盘没有减少，依然据有北方，随时有死灰复燃的可能。

宜将剩勇追穷寇。曹操决定斩草除根，彻底消灭袁绍势力。

天遂人愿。不久，袁绍死了，他的三个儿子袁谭、袁熙、袁尚不和，自相残杀，军队战斗力大为削弱。曹操趁机对“三袁”赶尽杀绝，占领了袁绍的老巢邺城（今河北临漳县），吞并了冀、幽、青、并四州，还捎带着深入辽西，打败了割据北方三郡的乌桓势力。到建安十三年，曹操基本统一了北方。

这七年时间，司马懿却闲得要命。曹操在北方打仗，远在天边，司马懿也不用整天装病了，除了在家看一些经史子集，就是研究兵法。看书累了，到清风岭小坐，感受天地灵气，思考人生时运，或者干脆和胡昭一起，饮茶下棋，吟咏风月，好不快活。

如果不是那件小事，这七年，无文可述。

洛阳是东汉都城，中原是群雄逐鹿的中心，受践踏最深。很多百姓食不果腹，奔走他乡，成为流民。一些年轻力壮的流民，干脆浑水摸鱼，打家劫舍，做起了流寇。流寇针对豪绅富人打家劫舍，轻则挟要钱财，重则害人性命。

河内富裕，是流寇流窜作案的首选之地。

这天，司马懿在清风岭闲逛，把岭上茂密的树木藤灌当作军队，在脑子中演绎着兵法阵形，这样想着走着，不知不觉走到了离家稍微远点的地方。忽然，几个流寇从草丛中蹿出，不由分说将司马懿五花大绑，一路向南，劫持到黄河岸边。

是时，黄河岸边荒草丛生，茂密深长，三五个人在草丛中行走，几丈开外看不见人影。《诗经》中“蒹葭苍苍，白露为霜”，后世《敕勒歌》“天苍苍，野茫茫，风吹草低见牛羊”。描写的虽然不是这里，却很契合黄河岸边此时的景致。

现在流寇和司马懿，都没有心情品味这般诗情画意。

流寇把司马懿放置在一座废弃的草棚里。黄河边经常可以看到这种草棚，是和平年代人们放牧牛羊歇脚的地方，战争后人丁稀少，耕地尚且荒芜，牛羊更难觅踪影。这些简陋的草棚，成为流寇们的栖身之所。

熟读兵书的司马懿不会武功，此时只能任人宰割。流寇的头目名叫周生，见司马懿顺从的样子，也就放下心来，安排手下人到孝敬里通风报信，让司马家拿钱赎人，如若报官，立刻撕票。

流寇的逻辑是，司马氏这样的大家族，一定积蓄不少，这一笔买卖，定能大赚。

第二天，来赎人的是胡昭。胡昭刚好从隐居的陆浑山赶过来，碰到了这桩事，作为莫逆之交，他不能不管。

这是一番唇枪舌剑。胡昭先是把司马家族的家底透露出来，刚从黎阳避乱回来，家产散尽，要钱没有，要命有一条，消除流寇幻想。接着晓之以理，你们都是义士，要除暴安良，不应劫杀良善。然后对流寇动之以情，司马懿是好人，从不欺压百姓，经常周济穷人，今后各位饥了渴了，把司马家当成自己家，尽管随意吃喝。最后，胡昭向流寇指以明路：各位义士都身手矫健，打家劫舍不是长事，不如到军中效力，定能建功立业，拜将封侯也未可知。

胡昭口吐莲花，三寸不烂之舌说得天花乱坠，流寇们还真的动了心，不过又将信将疑，周生问：我们这些人劣迹斑斑，军中怎么会信任我们？我们前去投军，不是刚好自投罗网吗？胡昭告诉周生，当朝首席高参，叫荀彧，是颍川人，跟自己是老乡，颇有交情，可以帮助引荐。攀上了荀彧这样的大人物，加官晋级只在朝夕之间。

周生又问，空口无凭，荀彧大人能相信我们吗？！胡昭当即扯下衣服一角，修书一封，向荀彧推荐周生为校尉。他交代周生一定要报上胡昭的名字，把信亲手交与荀彧。

胡昭凭一张利嘴救了司马懿，双方皆大欢喜。

当周生带着胡昭的亲笔信见到荀彧时，荀彧嘱咐左右将周生拿下，当即斩首。

小人物的悲剧在于，能力总是无法匹配自己的梦想。

后来很熟之后，司马懿问荀彧，为什么要杀周生。荀彧说，我平生最痛恨没有道义、胡作非为之徒，胡昭了解我，故意把周生交给我，就是为了让我杀掉他。

荀彧站在道德高地解释为什么要杀死周生，其实更重要的原因在于，荀家是颍川知名的世家望族，他们的规则就是不跟下等人一起玩，根本不可能跟一个流民小混混妥协。否则，会被认为是人生的一个污点，从而在这个圈子里抬不起头。

荀彧不是曹操，他的门阀观念根深蒂固。

当时，社会阶层界限清晰，世家大族被称为士族，他们相互结盟，缔结成利益集团，掌握和垄断社会资源，是影响政治生态的主要政治力量。

荀彧是曹操麾下首席谋士，又是曹操阵营最大的文人集团——颍川士族的首领。经过这次被劫持绑架事件，又通过胡昭的引荐，司马懿结识了荀彧，从此和颍川士族走在一起，成为颍川集团拉拢和支持的后起之秀。

总有一些小事件，游离于人生的主旋律之外，看似无关紧要，却又隐隐牵扯出重要线索，如草蛇灰线，伏延千里，最终指向人生的目的地。

第二章

谨忠慎行：进阶之道

司马懿出仕的背后，是一场阳谋

荀彧，字文若，颍川颍阴（今河南许昌）人，官至侍中，守尚书令。

尚书令是尚书台长官。尚书台负责全国政务，是权力中枢，是事实上的“相府”。

职责很重要，级别却不高。汉朝实行“三公九卿制”，级别最高的是太尉、司徒、司空，号称“三公”，级别用俸禄表示，秩万石，九卿秩二千石。尚书令的级别仅有千石。

这并不妨碍荀彧在朝中纵横捭阖，因为他还是“侍中”，身后站着皇帝。

侍中是加官，一个标志性职位，可以直接参与皇帝主持的办公会议，有重大决策的议事权。

官不在高，有权就行。荀彧就属于级别不高、实权很大的那一类人。

这还不是最重要的。

更不容忽视的是，荀彧是曹操阵营中谋士之首。他是曹操创业元老，资历深，功劳大，并甘当伯乐，向曹操推荐了戏志才、郭嘉、钟繇、荀攸、杜袭等奇谋之士，这些人大多来自颍川（郡治今河南省禹州市），形成了“颍川派”，荀彧自然成为颍川派首领。

同时，荀彧是曹操最倚重的得力助手，凡领兵在外，必由荀彧镇守许都，全面负责粮草供应和后方事务。

可以说，荀彧既是为曹操出谋划策的张良，又是为曹操独当一面的萧何。

攀上这样的主儿，顺势进入颍川帮，在朝中想不脱颖而出都难。这，正是司马懿所希望的。

七年不鸣，只是待价而沽，卖个好价钱。

曹操为了强化权威，对行政体制进行了改革。他以皇帝的名义废除“三公”，改设丞相，由自己担任，将大权独揽于一身，同时兼领冀州牧，建立了直属自己的根据地，这样朝政方面就没有了后顾之忧。

冀州治所邺城，地处黄河西岸，土地肥沃，物产丰饶。战国时魏国的西门豹任邺令，把这里治理得井井有条，逐渐富甲天下，成为一座具有战略意义的重要城池。曹操从袁氏手中得到邺城，常年在这里办公居住，俨然将邺城当成了全国的行政中心。设在皇城许都的国家机构，反而成了影子政府。

曹操春风得意之余，也有不能释怀的事情。他最欣赏的谋士郭嘉，在征战北方时染病身亡，英年早逝，他每每想起，难免唏嘘叹惋，如失膀臂。

荀彧最了解曹操的心思，趁机向曹操推荐了司马懿。

曹操油然想起七年前那个拒绝辟召的小子。“他不是得了风痹，全身不能动弹吗？”

“司马懿当时骑马摔了下来，引起风痹，经过精心料理，按摩推拿，已基本痊愈。”荀彧说话滴水不漏。

“司马懿没有实际经验，一时难以大用，不过……”曹操想了想，若有所思，“好吧。”

曹操隐晦不明的态度让荀彧感到意外，丞相一贯求贤若渴，对司马懿到底怎么了？

原来，司马懿比曹操小二十四岁，已不属于曹操这个时代。但曹操想到将来，打算为子孙储备人才，让司马懿多加历练之后，为曹氏后人所用。

这一次没费多大周折，司马懿就来邺城丞相府报到了。天下大局已定，汉朝皇室，奄奄一息，其他军阀，比较起曹操，显然难成气候。荀彧力荐，让司马懿看到了前程一片光明，其何乐而不为？！尽管他很欣赏胡昭，但从没有打算终老江湖。

对汉室若有若无的感情，不能阻止他飞黄腾达的志向。

临别前一天的晚上，他约了胡昭，依旧坐在清风岭上，摆一方小桌，置几壶老酒，清浅对饮。

“你决定了？”

“我等待了七年。”

“曹孟德虽然英雄，但孙权、刘表、马超也非等闲之辈，刘备又新得诸葛亮，号称卧龙，大有东山再起之势，贤弟可需要考虑他们？”

“曹丞相是不世出的大豪杰，文韬武略冠绝当世。孙权，小儿也，盘踞江东，守成之主，既无觊觎天下之心，更没有觊觎天下的实力，没有前途。刘表胸无大志，荆州人才济济，不能为用。荆州又是天下势力纠结之地，四面临战，守之不易。马超，匹夫之勇，难以为继。至于刘备，戚戚如小人，能与之共苦，不能同甘，不是我心目中理想的主子。”

司马懿倒了一樽酒，嘬了一小口，缓缓地说。

胡昭站起来，看着月色下遥远处朦胧的邙山说：“曹丞相有代汉之心，将来你会面临着忠汉还是忠曹的选择，你想好了吗？”

“我也内心纠结呀。孔明兄教我。”

“人在做，天在看，上天如果视若不见，说明天意如此。”

司马懿想了想，说道：“我想我应该忠于天。”

胡昭重新坐到桌子前，举起酒樽：兄弟，哥哥看好你！

“孔明兄，我们一起出山，辅佐朝廷，安定天下，解民众于苦难，干一番大事业，如何？！”

“我已经习惯了闲云野鹤，不能忍受束缚身心的仕宦生活，兄弟不可勉强。”

“你是一个高雅的人，我却不能免俗呀！”司马懿一声叹息。

这一年，建安十三年，公元 208 年。

入职第一课，低调隐忍

朝廷要员可以开府，有自己的一套官吏体系，官员被称为掾、属。这些掾、属，相当于私人团队，只忠于开府的官员，不对朝廷负责。曹操一人之下、万人之上，掾、属众多，各自管理一项事务，如督查诸官的叫长史，管理户籍的叫户曹掾，管理兵事的叫兵曹掾……这些掾属，除了做好本职工作，还要为丞相出谋划策，事实上是丞相的谋士。

一人得道，鸡犬升天。曹操做了丞相，原来的司空府变成了丞相府，司空府的原有掾、属都官升一级。曹操把司马朗调回丞相府，任主簿，相当于府中的秘书长，典领文书，办理事务，成为曹操的重要助手。

司马懿应召，被辟为文学掾。汉代文学的概念与现在不同，不仅指诗词歌赋，还包括经史子集、文献典籍，以及教育办学等事务，相当于文化教育专员。司马家族三代擅长经史子集，曹操知人善任，用人所长，才安排司马懿担任这个职位。

这个职位最大的好处，是能够和曹家公子们朝夕相处。曹操十分重视子女教育，希望公子们既武艺出众，更文采飞扬，还要学贯古今，因此，司马懿这个文教专员，一项重要职责是帮带曹家公子们。

曹操妻妾众多，历史有记载的达十五个，她们为曹操生育了二十五个儿子。其中夫人卞氏所生的四个儿子曹丕、曹彰、曹植、曹熊，年纪既长，又聪明练达，最受关注。

曹丕和曹植风流倜傥，诗词歌赋写得好，经常和周围的一帮文人宴饮游玩。二人用诗篇记录下他们优游欢宴的情形，如曹植的《公宴诗》：

公子敬爱客，终宴不知疲。
清夜游西园，飞盖相追随。
明月澄清景，列宿正参差。
秋兰被长坂，朱华冒绿池。
潜鱼跃清波，好鸟鸣高枝。
神飙接丹毂，轻辇随风移。
飘颻放志意，千秋长若斯。

诗的大意是：公子曹丕敬爱手下的门客，请大家一起吃饭喝酒，喝了一整天大家还意犹未尽。酒席散了，夜晚显得空寂清静，大家去西园游玩，车盖如飞，一辆接着一辆。明月如镜，洒下如水的清辉。繁星明灭闪烁，仿佛和宾客们一样游戏人间。长长的斜坡上秋兰茂盛绽放，池塘里莲叶如翡翠堆积，莲花则像胭脂盛开。鸟雀兴致勃勃跳上枝头高歌婉转；潜伏的游鱼也禁不住探出头来，嬉戏水波。风吹动红色车轮，马车像生出双飞翼。这一辆辆风中飞奔的华车，载着酒兴正好的宾客们，御风飞翔。纵情遨游，逍遥放歌。

西园是邺城的一座游园，园内建有闻名遐迩的铜雀台。据说曹操倾慕江东孙策和周瑜的妻子大乔、小乔，专为她们修建了这座台子。唐代杜牧诗句“东风不与周郎便，铜雀春深锁二乔”，写的就是这个典故。

这是讹传，真实的铜雀台与绯闻毫无关系。司马懿出仕那年，赤壁之战打响，铜雀台和西园还没有建成。但从曹植的诗中，多少能窥视司马懿出仕早期的生活情形。

曹操、曹丕、曹植都有点文艺范儿，文学界号称“三曹”。邺城的一帮文人，如建安七子，团结在曹氏周围，他们各逞其能，吟得一手好诗，写得锦绣文章，和曹氏兄弟互相唱和，堪称风流雅事。

司马懿作为文学掾，陪着他们玩，但司马懿写诗作赋水平实在一般。他流传于世的诗作只有一首，比曹氏父子相差甚远。司马懿擅长的“文学”，是诸子百家，经史子集，那些有政治、哲学意义的知识，比如四书五经等。在古代，这些是治国安邦之道，深受帝王重视。司马懿有意识地跟公子们谈论治国安民的道理，在儒学和经学方面给公子们以指导，逐渐和曹家走得很近，大家对他也很有好感。

在一段声色犬马中，司马懿跟曹家世子曹丕结下深厚友情，为以后仕途腾达铺平道路。

这一时期，邺城花天酒地，醉生梦死，似乎一片祥和景象。不过，政治斗争绝不是请客吃饭，不久，一场血雨腥风扑面而来。

孔融是孔子后代，是“建安七子”成员中年龄最长者。“孔融让梨”的故事家喻户晓。孔融小时候，父亲从外面买些梨子回来，孔融主动挑了个小的吃。母亲感到惊奇，问他为什么不吃大的，孔融说，我年龄小，应该吃小的，大的留给哥哥们吃。长大后，孔融为人正直，在朝廷做官，敢于直言，批评时政不讲情面。董卓气焰正盛时，他毫不畏惧，和董卓在朝堂上辩论，言辞激烈。曹操当政后，对孔融比较客气，但孔融看出曹操有篡汉之心，经常对曹操冷嘲热讽，让曹操下不来台。曹操攻下邺城，儿子曹丕将袁绍的儿媳甄氏纳为己有。孔融写信给曹操说：“武王伐纣，把妲己赏给了周公。”曹操没有多想，不明白他的意思，孔融解释说，“你拿你自己的家事类比一下。”曹操这才意会过来，大窘。

再后，曹操因为塞北少数民族乌桓暗中支持袁氏，远征讨伐他们，孔融讥笑他不该用兵：“大将军你跑到海外征伐，干脆把历史上陈谷子烂芝麻的事都翻出来，一并清算吧。”

孔融屡次三番冒犯曹操，曹操恼羞成怒。司马懿刚辟召不久，曹操找了个理由，把孔融杀了。

孔融无端被杀，给司马懿上了生动的“入职第一课”，他极其震动，深感伴君如伴虎，暗暗告诫自己：在官场，要低调；对领导，要谦恭。

此后，他在低调隐忍中汲取力量，一步一步走向权力的最高峰。

得陇望蜀，领导的心思慢慢猜

司马懿小心做事，勤于政务，事无巨细，绝不敢推诿敷衍，经手的事按轻重缓急，调理得井井有条，深得曹氏父子欢心，不久就得到升迁，先后担任朝廷的黄门侍郎、议郎，以及丞相府东曹掾等职务。后来，司马朗被提拔为兖州刺史，司马懿就接替兄长做了丞相主簿。

除了做好分内之事，司马懿还有机会随军出征。这让他莫名地兴奋，也许他继承了祖上长期担任武将的基因，比起办公室的枯燥乏味，驰骋疆场更适合他。

司马懿出仕当年，曹操南下在赤壁同孙权、刘备对峙，因不习水战，被孙刘联军打得丢盔卸甲，落荒而逃。赤壁之战断送了曹操统一天下的梦想，孙权巩固了江东，刘备乘势而起，以荆州为根据地，借口帮益州刘璋对抗曹操，带兵入蜀，趁机鸠占鹊巢，吞并益州，基本奠定了三分天下的局势。

可惜，司马懿没有来得及参与那一场轰轰烈烈的经典之战。

公元 215 年，赤壁之战七年后，司马懿有机会第一次走上战场，跟随曹操征伐汉中。

汉中是益州的一个郡，郡守张鲁原是益州牧刘焉部下，刘焉死后，儿子刘璋继位，张鲁欺刘璋软弱，不听号令，独立行政，形成割据之势。

汉中北依秦岭，与关中遥相阻隔，南屏巴山，与益州毗连接壤，四周地势险峻，中间为平原盆地。当年刘邦被项羽分封为汉中王，这里是刘邦的发祥之地。

张鲁割据汉中后，把持要塞，阻断了长安与益州的交通，被刘璋视为大患。到了公元 215 年，南北形势都发生了变化，南面，刘备刚刚占领成都，正着手安定益州；北面，曹操不久前收复凉州，加封魏公，气焰正炽。张鲁遭受南北威胁，危如累卵。

曹操和刘备，在和时间赛跑，看谁能够率先占领汉中。

彼时，刘备正和孙权闹着别扭，抽不出精力夺取汉中。原来，赤壁之战中孙权是主力，刘备为配角。胜利后，刘备没有立足之地，向孙权借荆州暂住，承诺占据益州后归还荆州。如今已经得到了益州，却食言不愿归还荆州，双方大有兵戈相向之势。

曹操抓住了机会，趁刘备在益州立足未稳，率先对张鲁用兵。

张鲁颇有自知之明，知道不是曹操的对手，一路白旗。曹操没遇到多大抵抗，只用半年时间，就将汉中收入囊中。

这个时候，司马懿抓住机会展示自己，生平第一次向曹操提出军事谋略。他建议马不停蹄，乘胜前进，直取西蜀！他说：刘备乃奸诈小人，靠阴谋诡计骗取益州，当地人抵触情绪很大。他不先安抚百姓，反而去和孙权争夺荆州。我们正好利用这个机会夺取益州！现在汉中告捷，益州震动，只要乘胜前进，刘备的军队一定会土崩瓦解。圣人不应该错失时机，不要犹豫，行动吧，丞相！

司马懿的建议颇有道理，如果顺利实施，曹操取了西蜀，对江东和荆州形成半包围之势，统一全国指日可待。

曹操另一位谋臣刘晔也看到了这一点。刘晔，字子扬，淮南人，比司马懿出道早一些，和司马懿年龄相仿，职务相当，同为丞相府主簿。他说：

曹公您当年诛杀董卓，北破袁绍，南征刘备，全国州郡占了十之八九，那是多么的威风！现在攻下汉中，蜀地人胆战心惊。如果继续推进，只用一道声讨檄文就能将蜀地收归囊中。如果犹豫不决，诸葛亮治国有方，关羽、张飞勇冠三军，等到那个时候，再想攻取蜀地就麻烦了。

六十岁的曹操看了看两位年轻人，讲了一个故事。汉光武帝刘秀带领大将岑彭征伐位于陇西的割据势力，后来，刘秀因事先移驾东归。临行前他写信给岑彭，说："攻下陇西后，可直接率兵南下攻蜀，人难有满足的时候，既平陇，又望蜀。"从此，人们用成语"得陇望蜀"比喻人心不足。

讲完这个故事，曹操意味深长地说，我不如光武帝，不能得陇望蜀呀，还是算了吧。

司马懿看见曹操用手捋着花白的胡子，目光中少了些勇猛，多了些深邃。自从做了丞相之后，曹操只在阵前列队对敌时才穿铠甲，平素在朝中，抑或在营中，都是文官朝服，甚至普通便衣。此刻，他发髻上一缕头发束得不够严实，松垂下来，透露出些许暮气。

丞相老了，司马懿想。

是的，曹操老了。如果年轻时，曹操可能会乘胜进军，扩大战果。而今，赤壁之战的伤痛犹在，他不想再冒这个风险了。况且，攻取益州将是旷日持久的战役，朝中多少人蠢蠢欲动，策划着后曹操时代的权力分配，这种情况下，不宜远行，不宜久战。

事实上，赤壁之战后，曹操已经放弃了统一天下的宏伟目标，他的当务之急，是在有生之年稳定北方，巩固权力，保证儿子能够顺利接班。

同家族利益相比，统一天下不是必然选项。

司马懿和刘晔猜不透曹操是怎样想的，但两位都是聪明人，相信丞相一定有不能进军的理由，于是都不再坚持。

七天后，密探从蜀地报来消息，曹操大军平定汉中，益州军民惶惶不可终日，刘备一天杀了数十个人，也没有安定下来。

这消息似乎验证了司马懿和刘晔的判断，曹操似乎有些后悔，按捺不住蠢蠢欲动，问二人：现在攻打益州，还不晚吧？

曹操只是问问而已，并不会真的攻打益州，两位聪明人心知肚明。司马懿状若思考，沉默不语。刘晔抢先说："益州现在已经安稳了许多，不能再去攻打了。"

跟领导意见不一致时，司马懿选择沉默隐忍，而刘晔见风使舵，想方设法讨好领导，这是他们的不同之处。他们的人生结局也与性格人品息息相关。

十多年后，魏明帝曹叡宠信刘晔。有一次曹叡打算攻伐蜀汉，朝臣们反对。曹叡私下征求刘晔意见，刘晔明确表示支持伐蜀。可到了朝堂之外，他又附和朝臣列举不可伐蜀的种种理由。后来明帝觉察到他这种两面讨好的行为，认定他是揣测上意、投机取巧之徒，没有自己的立场，有意疏远了他。刘晔因而发狂，不久死去。

想要讨好所有人，最终会迷失自己，令人不齿。

借刀杀人，被忽略的幕后推手

曹操没有及时“得陇望蜀”，班师回朝。不久，汉中得而复失，被刘备占领。对曹操而言，这也是无可奈何的事情。

司马懿“得陇望蜀”之计，虽然没有被采纳，但他的才干得到曹操认可，不久，就再次被提拔，先为太子中庶子，后做丞相府军司马。

此时天下三分已成定局。曹操和孙吴、刘蜀的军事对峙主要有三条战线：东线合肥，中线襄阳，西线以长安为中心的关中。曹操战线拉得长，军队数量多，就出现了粮食补给不足的问题。

对于军队来说，粮食补给是生死攸关的大问题。官渡之战中，曹操就是烧了袁绍的粮仓，从而奠定胜局。由于连年战乱，全国都出现“土地多，军队多，劳动力少”的奇特现象，军队的粮食补给来源不足，强行增加百姓税赋容易激起民变。怎样养活数量庞大的军队，令人神伤。

军司马的主要职责是协助曹操做军队方面的工作，对军队和战争拥有发言权。解决军队粮食补给问题，正是军司马职责所在。

司马懿给曹操出了一条计策，叫军屯制。就是让军队一边防守，一边耕地，且耕且守，解决劳动力不足的问题。

屯田制在汉初就有，汉文帝、汉武帝都曾经把罪人、奴婢和招募来的农民集中起来，到边疆开垦荒地，屯田种粮，供给戍边守疆的军队。那个时候屯田规模比较小。真正大规模推行屯田，是曹操。他把屯田作为基本的土地制度在统治区域内推广，将荒芜无主的农田收归国家所有，招募大批流民编成组，由国家提供土地、种子、耕牛和农具，由流民开垦耕种，获得的收成由国家和他们按比例分成。

曹操最初的屯田是在民间进行，目的是恢复生产，维护社会秩序。司马懿提出的军屯，是民屯的补充，国家把闲置的土地分配给军队，由军人自耕自种自养，一边作战，一边劳动，战斗、生产两不误。曹操采纳了司马懿的建议，军屯制推广以后，取得了良好效果，军队粮食补给问题基本得到解决。

这一条建议，虽然没有直接歼灭多少敌人，但比打赢一场战役更有意义。

军屯制是司马懿对军事建设的重大贡献，对后世影响非常大。每有战乱，都会有军队推行各种垦荒自济的政策，实际上是司马懿军屯制的翻版。

军屯制正推行得如火如荼，不料南线烽烟骤起。

南线指荆州一线。荆州有九个郡，原是刘表的地盘，曹操统一北方后，顺势南下，占据荆州，剑指江东。赤壁之战曹操失败，退回北方，荆州大部分为孙权占领。为了把刘备放在对抗曹操的前线，孙权将荆州的南郡等地暂借刘备屯兵，后来经过多次攻防，荆州为三方瓜分，其中北方南阳、襄阳、章陵三郡和江夏郡一部分为曹操所占，东部长沙、桂阳两郡和江夏郡一部分属于孙权，刘备则占据着位居西南的南郡、零陵和武陵三郡。镇守西南三郡的，就是赫赫有名的关羽关云长。

公元 219 年，关羽试图打破三方势力的平衡，亲自带兵向北进攻襄阳城和樊城，史称襄樊之战。

曹军驻守的情况是：主将曹仁，辅将于禁、庞德，其他将领还有荆州刺史胡修、襄阳太守吕常、南乡太守傅方。曹仁自己坐镇樊城，命于禁、庞德率军扎营在樊城城外，双方互相照应。

汉水是长江的最大支流，发源于秦岭南麓，向东过了丹江口，水势浩大，波涛汹涌。襄阳和樊城位于汉水南北岸，夹水而望，相互依存。

当时正值农历八月，恰逢汉水汛期，水位暴涨，水流迅猛。

关羽命人掘开汉水，一时间洪流奔涌而出，一泻千里。驻扎城外的于禁、庞德军队，在洪水中像雨打风吹的浮萍，顿时丧失了战斗力。关羽趁势发起进攻，于禁投降，庞德被斩，三万兵士全军覆没。

接着，关羽将曹洪围困在樊城，又分兵将吕常围困在襄阳。水势依然滔滔，两城危如累卵。荆州刺史胡修、南乡太守傅方投降关羽。

司马懿刚为军司马时，就向曹操建言：荆州刺史胡修粗暴，南乡太守傅方骄奢，两个人不适合在边城为官，可惜曹操没有听从，如今果然应验。

短短一个月，关羽取得如此重大胜利，威震华夏。

更糟糕的是，宛城以北地区，不断有平民暴乱、军队反戈，纷纷响应关羽，曹魏统治大有摇摇欲坠之势。

前线吃紧，曹操安排曹丕镇守邺城，自己匆匆赶到洛阳指挥襄樊保卫战。他考虑关羽势头太猛，许都接近前线，和群臣商议将都城北迁，避其锋芒。

司马懿表达了反对意见：

“于禁、庞德军队被洪水所淹，是客观条件帮了关羽的忙，并不是军队战斗力不济。这样的失败是偶然的，不会持续，不会影响大局。如果贸然迁都，长他人威风，灭我军志气，汉水、淮河流域会人心惶惶，士气动摇，更不利于今后的战斗。”

曹操不住点头，表示所言极是，问：关羽势不可当，有什么办法破局？

司马懿提出建议：

“孙、刘结盟已经十年，外表看牢如铁板，其实极其脆弱。他们的症结在于荆州。赤壁战后，孙权将南郡借给刘备。刘备得到益州之后，孙权索要，刘备不还，双方心中早有芥蒂，孙权无时无刻不想讨回南郡。今关羽得志，不是孙权愿意看到的。主公可派人说服孙权，让他乘虚袭击南郡，襄樊之围不战自解。”

这条建议，有借刀杀人、围魏救赵之妙，达到一石三鸟的功效。一是解了襄樊之围，二是瓦解了孙刘联盟，三是削弱了刘备势力。刘备势头正盛，受到打击必然萎靡不振，数年之内将无力北伐。

丞相府西曹属蒋济也附和司马懿。

蒋济，字子通，楚国平阿（今安徽省怀远县）人，很有谋略。任扬州（治所在寿春，今安徽寿县，不同于现在的扬州）别驾期间，孙权率领大军围攻合肥，曹操赤壁新败，抽不出更多兵力，只派千余人前来援助。蒋济并不惊慌，他写了三封书信，派人往合肥城中送递，其中两封故意被孙权截获。信中诈称曹操四万援军即将赶到合肥，内外夹攻孙权。孙权对书信内容深信不疑，怕援军到来对自己不利，连忙退兵。

曹操得知合肥能够保全的真相，对蒋济刮目相看，后来把他带到身边，作为随行参谋。

蒋济比司马懿小九岁，后来两人在朝中默契照应，关系非同一般。魏朝第三任皇帝曹芳在位期间，司马懿发动兵变除掉大将军曹爽势力，蒋济在其中发挥了重要作用，请读者记住这位蒋济！

曹操采纳了他们的建议，一面派徐晃增援曹仁，一面派使者面见孙权，允诺事成之后，承认孙权对江东的治权。这个礼包看似华而不实，实际上为孙权多年以来梦寐以求。孙权占有江东，一直未得到朝廷认可，所谓名不正则言不顺。有了朝廷的册封，就是名副其实的“江东王”，怎能不怦然心动！

正如司马懿分析的那样，孙权跟曹军一拍即合，表示愿意协同，从背后袭击关羽。

达摩克利斯之剑已悄悄地悬于关羽头顶，关羽却一无所知。

农历十月，孙权派大将吕蒙偷袭南郡的江陵、公安两城，夺取了关羽的大本营。关羽顿时慌了手脚，急忙回撤，在半路上被江东军队截击，大败，只好退守麦城（今当阳市东南），两个月后，终因寡不敌众，被江东军队擒获斩首。

至此，孙权和曹操各有所得。孙权扩展了地盘，曹操解除了襄阳、樊城之围，并成功瓦解孙、刘联盟。

襄樊之战还有一个意外收获。驻守房陵（今湖北房县）的蜀将孟达，因为在襄樊之战中没有援助关羽，担心受到刘备处罚，投降了曹操，并帮助曹军占领上庸（今湖北竹山县西南），以及更西的西城（今陕西省安康市）。

房陵、上庸、西城是荆州和汉中的屏障，被称为“东三郡”。这个“副产品”，为九年后司马懿传奇般的上庸之战埋下伏笔。

胜利后，曹操在摩陂（今河南陕县西南）举行庆功会，徐晃、曹仁因功受奖，而出主意借刀杀人的司马懿，默默地做了幕后英雄。

不过司马懿在为曹操出谋划策中积累了经验，军事才干和政治才能崭露头角。襄樊之战后，他又预言刘备不会善罢甘休，定会报复孙权。果然，不久刘备倾西蜀之力发兵东征，同东吴军队战于夷陵（今湖北宜昌东南）。“夷陵之战”同“官渡之战”“赤壁之战”被称为三国时期三大战役，以刘备惨败告终，西蜀由此元气大伤，成为曹、刘、孙三方中最弱的一方。

第三章

关键抉择：兄弟默契

夺嫡大战，决不能袖手旁观

曹操晚年，已经认识到不可能在有生之年统一天下，他的最大任务是巩固权力，安全实行权力交接。所以赤壁之战后，他的每一次出征都没有超过八个月，他把主要精力已经用于朝政，而不是战争。

汉代对皇族封王，对功臣只能封侯。侯爵一般会分封一个亭（当时的行政建制，相当于一个村）、一个乡或者一个县，地盘有限。曹操的爵位为武平县侯，已经达到分封的上限。

为了突破限制，曹操煞费苦心，提出恢复古制。按周代的分封制度，爵位分公、侯、伯、子、男五等，恢复古制，意味着侯爵之上，可以晋封公爵，可以建立自己的封国，拥有更大的地盘和自主权。

曹操的想法遭到荀彧的反对。荀彧是曹操的亲密战友，也是得力助手，但后期，荀彧跟曹操产生了激烈的矛盾，因为荀彧辅佐曹操的目的是复兴汉室，而曹操却要代汉自立。当曹操代汉的野心逐步显露出来时，二人不可避免地分道扬镳了。

要达到自己的目标，就要搬掉荀彧这块绊脚石。公元212年，曹操逼迫荀彧自杀。司马懿的推荐人、颍川派领袖就这样做了权力的殉葬品。

次年，曹操封魏公，建立魏公国，都邺城。公元216年，又晋封魏王，魏公国变成了魏王国。

魏国既建，就要确立太子。

长子曹昂死后，按照长幼有序原则，接班人应该是曹丕，但曹操中意的，却是曹植。曹植性情坦率自然，不注重仪表威仪，这一点很像曹操，加上聪慧敏捷，词采华茂，笔力雄健，获得曹操欣赏。

曹操在二人之间摇摆不定，下面的人就见风使舵，选边站队。

朝中有资历、有分量的大臣，如荀攸、钟繇、贾诩、毛玠、桓阶等都赞同立长。而曹植身边，则聚集着杨修、丁仪等人，势力相对弱小。

同样面临选边站队的司马懿，毫不犹豫地选择了曹丕。在丞相府的日子里，他刻意和曹丕搞好关系，经常陪曹丕优游宴乐，除了在经学史学方面帮助曹丕，还在政治上给曹丕出主意想办法，帮助曹丕在外树立世子的形象，博取曹操信任。

司马懿曾任太子中庶子。太子中庶子是专门辅佐太子的侍从官。史书记载曹丕“每与（司马懿）大谋，辄有奇策”，至于什么大谋，什么奇策，没有明说，推测应为内部斗争，争权夺利，不好摆到桌面上。

司马懿充当曹丕心腹，是可以肯定的。他和曹丕身边的另外三个心腹吴质、陈群、朱铄，时有“四友”之称。

曹丕也投桃报李，经常在曹操面前说司马懿的好话，两人相互配合，甚是默契。

传说司马懿有“狼顾之相”，像狼一样，在身体不动的情况下，能将头转动 180 度直视后方，这是一般人做不到的。这种面相是反贼之相，具有这种面相的人，富有城府，性情狠毒，常怀杀人害物之心，对主子不利。曹操为此很担心司马懿，劝曹丕多加提防，甚至一度想要杀掉他。曹丕全力维护这位得力助手，一有机会就在曹操面前说他好话，加上司马懿工作勤恳，行事低调，曹操才逐渐去除疑心。

司马防是玩平衡的高手，汉献帝受董卓挟持的时候，他让司马朗回老家，在适当的时候投奔了曹操，给家族添加了一份保险。司马兄弟继承父亲品性，玩平衡也是轻车熟路。曹丕还没有被册立为太子时，司马朗已经升任兖州刺史。司马懿服务曹丕。曹植虽然势力弱，可也是接班人的潜在人选，不能冷落。怎么办？小司马懿一岁的三弟司马孚，这个时候粉墨登场，出仕充当曹植的经文老师。于是，司马兄弟为家族买了三份保险，各有其主。

公元 217 年，这种平衡被打破。这一年，发生了两件大事，一是司马朗病死，二是曹丕被明确为魏王太子。

司马朗在兖州，政绩卓著，爱民如子，深受百姓拥戴。这年春天，曹操进攻孙权。司马朗率本州地方军数千人前往助战。这是他第一次率军队打仗，所以格外尽心，对本州将士慰勉有加。不料，一场罕见的瘟疫在中原蔓延，曹植《说疫气》一文记述当时的情形："建安二十二年，家家有僵尸之痛，室室有号泣之哀。或阖门而殪，或举族而丧。""建安七子"中，竟有五人死于这场传染病。司马朗的军队行进到居巢，他的将士也染上了可怕的瘟疫。

如果司马朗避开患病士兵，自己定能安然无恙。但司马朗体恤下情，亲自到军营中巡视，并为患病将士送汤送药，结果也被感染，不幸去世，时年四十七岁。

司马朗死后不久，太子之争也有了结果。

曹植十五岁就开始随父征伐四方，慷慨有"长驱蹈匈奴，左顾凌鲜卑"的大志，有"捐躯赴国难，视死忽如归"的信念。历史给过曹植机会，可惜都被他的诗人情怀、浪漫气质和放纵个性给浪费掉了。

邺城魏王宫正门叫司马门，只有举行盛大典礼时，帝王才能开门行走。这一天，曹操外出，曹植乘着酒兴，私自乘坐王室的车马，擅自打开司马门，在宫殿的禁道上纵情驰骋，忘乎所以。曹操大怒，拿掌管王室车马的公车令为他顶罪。通过这次事件，曹操对曹植彻底丧失了信心。

曹操放弃曹植，还有一个重要的原因，就是曹操对他的幕僚不放心。曹操后期最担心的，就是汉室旧臣进行政治反扑和权力清算，最终被迫还权于汉。曹植身边的杨修，出身正统的儒学之家，父亲杨彪是朝廷旧臣，忠诚于汉室。杨修又与孔融、祢衡等交好，这几个人，对曹魏政权素来不以为是，在政治观念上与曹操有极大的冲突。丁仪的父亲丁冲，也是汉室旧人，从长安追随汉献帝一直到许都，和他同时追随汉献帝的董承、伏完，都曾密谋诛杀曹操。曹操虽然很欣赏杨修、丁仪的才华，但在政治立场上不会有丝毫的妥协。反观曹丕的心腹四友，都没有朝廷旧僚的背景，或者与旧政权及早进行了割裂。作为杰出的政治家，选择接班人当然会以大局为重。

在心腹四友的辅佐下，在朝中大臣的暗中协助下，曹丕被正式册立为太子，兄弟争位终于水落石出。

随着曹植势力的瓦解，司马孚也义无反顾地转向曹丕。等到司马懿被提拔为丞相府军司马，便推荐司马孚接替了太子中庶子。司马家族聚集在曹丕这棵大树下面，开始了新的家族振兴历程。

不久，司马防病故，但司马兄弟已然超越了祖宗功业，成为魏国新兴政权中冉冉升起的耀眼新星。

兄弟同心，扶新皇上位

公元 220 年春天，襄樊之战刚刚结束，曹操竟于洛阳溘然长逝，终年六十六岁。

曹操去世时，诸子中只有曹植在身边。他于重病中宣旨急召镇守长安的曹彰，曹彰匆忙赶到洛阳，还是晚了一步，没有能同曹操说上一句话。

曹彰是曹丕之弟，曹植之兄，雄武有力，武艺高强，平日和曹植关系亲密。

曹操为何急召曹彰，已经不得而知，不过难免让人产生遐想，尤其是曹彰本人，他对曹植说："兄弟，父亲把我召来，意思是让我协助你继承王位呀！"

曹植虽然喜欢率性而为，但关键时候头脑还算清醒。他明白兄弟同室操戈，只会让外人得利。何况自己势单力薄，绝不可能跟曹丕抗衡，于是断然拒绝了曹彰，说："哥哥不见袁本初乎？"本初是袁绍的字，袁绍死后，传位于小儿子袁尚，长子袁谭不服，发生内斗，让曹操有隙可乘，各个击破，袁氏家族被斩尽杀绝，惨遭屠戮。

曹彰还不死心，直接向谏议大夫贾逵索要曹操的玺绶。玺绶是王位的代表，得到玺绶，象征着将继承王位。贾逵不买曹彰的账，严厉地说："太子在邺，国有储副。先王的玺绶不是你该问的!”曹彰无言以对，只好悻悻而去。

贾逵，字梁道，河东襄陵（今山西临汾东南）人，出身望族，但少时家贫，长大后先是在河东郡担任郡吏，后又迁为绛县长。袁绍的外甥、并州刺史高干曾派大将郭援攻打河东，所向披靡，唯有贾逵率领绛县军民顽强抵抗。郭援久攻不下，又召来南匈奴军队协助。绛县军民势单力薄，眼看城池将沦陷，为了避免被屠城，只好瞒着贾逵向郭援开城投降。军民们向袁军只提出一个条件，那就是不能杀害贾逵。郭援早就听说贾逵大名，想要招降他，让他叩头认罪，被贾逵严词拒绝，说:“哪有国家长吏为贼寇叩头之理!”郭援恼羞成怒，下令处死贾逵。绛县军民站在城上高喊:“你违背约定杀害县长，我们宁愿和他一起死!”郭援无可奈何，只得赦免了他。

曹操十分赏识贾逵的忠烈，先后任命他为弘农太守、丞相府主簿、谏议大夫。

司马懿和贾逵一致认为当务之急是处理好曹操的丧事，做好权力交接，避免政局动荡。

司马懿秩级高于贾逵，但贾逵年纪长、出仕早，有地方官经历，颇得人心。司马懿放低姿态，甘愿充当副手。

二人一方面派出使者，昼夜兼程到邺城向曹丕报信，让他做好继位准备，一方面安排灵车回邺城殡丧，其间各项事宜按部就班，有条不紊。

尽管如此，最先得到曹操去世消息的洛阳驻军，还是发生一些骚动。这些驻军是曹操早期接纳的黄巾军残部，多来源于青州和徐州，被称为“青州兵”“徐州兵”。“青州兵”“徐州兵”跟随曹操多年，现在主人去世，以为天下将乱，纷纷逃逸。有人主张对这些逃兵进行镇压，贾逵和司马懿认为不宜节外生枝，于是派人安抚部队，士兵愿意回家的提供便利，没有激化矛盾。

司马懿在洛阳操办丧事的时候，他的弟弟司马孚作为太子中庶子跟随曹丕在邺城。

洛阳人心浮动，邺城那边也不安稳。

听到曹操去世的消息，曹丕痛哭不已。从人伦上讲，他表现得越悲伤，越能够赢得人们的同情和尊重。不过，从社稷上讲，曹操身后的大事需要他去安排，如果他沉溺于悲伤之中不能自拔，难免有人会火中取栗，浑水摸鱼，把局势搞乱。最好的安排是，在他伤心欲绝的时候，有个头脑清醒，又能把握分寸的人及时劝止。

这个脱颖而出的人，就是司马孚。

司马孚及时劝谏曹丕节哀，他说："现在全国都在看着您，您应该以宗庙为重，以黎民百姓为重，不可效匹夫之孝！"然后又厉声喝止大殿里号啕大哭的群臣，说："今大行晏驾，天下震动，我们应该及早扶助嗣君继位，让四海安定。你们只顾在这里哭，能做什么大事！"他这两声大喝让人醍醐灌顶，大家一下子清醒许多。曹丕说："卿所言极是。"收起悲恸，准备就任魏王。

这时，一些亲汉的大臣提出，从朝廷法理上讲，曹丕承袭曹操爵位，必须等待汉献帝正式诏命。侍中陈矫反驳说："魏王在外逝世，天下惶恐。太子只有立刻继位，才能安定天下。否则，可能有人萌生异心，造成混乱，那样社稷将会出现重大危机。"

陈矫所指异心之人，一是支持曹植的势力，二是忠于汉帝的旧臣，三是一些打算自立的军阀。

在司马孚、陈矫坚定的拥立和主持下，邺城的官员不敢再有异议，大家各就其位，加强禁卫，迎接丧驾，筹备新王继位。

司马兄弟俩一个在洛阳，一个在邺城，殚精竭虑，力挽狂澜，为稳定大局、扶助新王发挥了关键作用。

曹丕顺利接替曹操做了魏王和汉朝丞相，天下安定，王位稳固。他立即贬谪了曹植，把曹植身边的心腹谋士统统杀掉，对拥戴有功的大臣大肆封赏。

司马懿居功至大，封津亭侯，转丞相府长史，为督军、御史中丞。长史是丞相府最高属官，相当于大管家。督军和御史中丞是朝廷官职，督军负责督查军务，御史中丞是御史台长官，负责监察百官，两个职务都有相当大的实际权力，再加上同时获得了爵位，这些都标志着司马懿进入了权力的高层。

曹操在世时，虽然有诸多僭越之举，但奉天子以令诸侯，打着汉室的旗帜号令天下，终究无法名正言顺地取代汉室。曹丕没有这些政治包袱和道德束缚，继任魏王后，取代汉室水到渠成。

在曹丕的暗示下，朝廷上一场劝进闹剧拉开帷幕。

之所以说是闹剧，是因为参与的人心知肚明，不过是表演给天下人看。

公元 220 年，全国各地祥瑞并至，如三月，青龙见于谯郡，有人传言，这里有王者兴。有些地方从天上掉下一块玉石，有些地方出现日月同辉的奇观，如此现象比比皆是。而这一切，昭示着将有新的命主出现。

性急的人已经按捺不住，表示应该顺应天意，将汉室天下禅让于魏。

禅让是上古权力和平更迭的一种方式。传说尧帝年老后，把权力和平交接于舜，这就是“禅让”。儒家非常推崇这种兵不血刃的权力更迭，认为禅让是“天下唯有德者居之”的表现形式。

尧帝禅让舜帝，是真心实意。而汉献帝则是被逼迫禅让于曹丕，禅让只是经过精心排练的一场戏，以显示魏朝政权的合法性。

既然是接受禅让，曹丕不能主动，免得有篡夺的嫌疑。应该由臣下再三敦请，曹丕再三推辞，最后“顺应民意”，勉为其难地接受。其中臣下的敦请，称为劝进。

左中郎将李伏，是第一个劝进的大臣。他说：“殿下刚即王位时，所有吉祥的征兆都相继出现，每天每月周而复始。继承大统的命数来自于上天，这都是显而易见的啊！”

被李伏抢了个第一，其他官员不甘落后，纷纷上书劝曹丕早日代汉立魏，顺应天命。这其中表现得最积极的有辛毗、桓阶、许芝、华歆、贾诩、王朗、刘晔等，或罗列祥瑞，或粉饰曹魏，都是阿谀肉麻的话。

司马懿作为曹丕心腹，也带领御史台的手下上了劝进表，说：

> 臣等闻有唐世衰。天命在虞。虞氏世衰。天命在夏。然则天地之灵。厤数之运。去就之符。惟德所在。故孔子曰。凤鸟不至。河不出图。吾已矣夫。今汉室衰。自安、和、冲、质以来。国统屡绝。桓灵荒淫。禄去公室。此乃天命去就。非一朝一夕。其所由来久矣。殿下践阼。至德广被。格于上下。天人感应。符瑞并臻。考之旧史。未有若今日之盛。夫大人者。先天而天弗违。后天而奉天时。天时已至。而犹谦让者。舜禹所不为也。故生民蒙救济之惠。群类受育长之施。今八方颙颙。大小注望。皇天乃眷。神人同谋。十分而九以委质。义过周文。所谓过恭也。臣妾上下。伏所不安。

司马懿的劝进表以历史为典，以祥瑞为据，劝曹丕仿效尧舜，顺应天命，登基为帝。同其他官员劝进不同的是，司马懿长于逻辑说理，少了些奉承谀美。

许多官员多次上表劝进，还有些官员表现得格外抢眼，譬如魏国相国华歆，又到许都逼迫献帝退位，又是起草诏书，忙得不亦乐乎。

而这场闹剧中，作为“四友”之一的司马懿，只有这一份劝进表，再没有其他言辞或者行动表现。

低调做事，符合司马懿一贯性格。

另一个重要原因，司马懿从小受儒家熏陶，知道所谓禅让，其实就是篡位，定为后世所不齿。他不愿留下骂名，所以表现并不积极。

既期盼新皇登基，又不愿违背内心的道德，在这种政治纠结下，需要的是分寸。

司马懿的政治纠结丝毫没有影响曹丕代汉的进程。面对雪片般的劝进表，曹丕再三退让，来回多次，最后“勉强”顺应天下人的意愿，接受禅让，即皇帝位。

禅让仪式经过了充分的准备，隆重庄严。在许都南郊，专门建立一座“受禅台”。是年十月二十九日，由华歆主持，引导汉献帝将象征着皇权的玉玺亲手交予曹丕，曹丕祷告天地，祈祷天佑新朝。台下群臣山呼万岁，四百年基业的汉朝就此终结，由曹操奠基、曹丕开国的魏朝正式建立。

接受禅让的曹丕感叹：“朕今日方知尧舜禅让之故事。”意思是，用今天的禅让去推及古人，尧禅让于舜也是被逼无奈吧。尽管如此，曹丕还是担心后人说他篡国，所以在传国玉玺上刻字“此乃汉室禅让”。

魏承汉制，废除丞相，重新实行“三公九卿制”。登基后的第一件事，就是对禅让表演中的有功之臣大肆封赏。劝进不太积极的司马懿，并没有受到曹丕责难和疏远，以二人的交情，曹丕深知司马懿深沉内敛，不是肤浅之辈，因此对他愈加赏识，升为侍中兼尚书右仆射。

尚书台的正职叫尚书令，此时由桓阶担任，左、右仆射是尚书台的副官，左仆射由司马懿的老朋友陈群担任。此后不久，桓阶去世，陈群升任尚书令，司马懿一人担任仆射。

司马懿建安十三年应辟出仕，初任丞相府文学掾，是年三十岁。然后历任黄门侍郎、议郎、丞相府东曹属、丞相府主簿，曹丕被确立为太子后，任太子中庶子、丞相府军司马，曹丕即魏王位，升任丞相府长史，督军、御史中丞，曹丕即皇帝位后，迁升侍中、尚书右仆射，是年四十三岁。十三年间，没有轰轰烈烈的业绩，也没有引人注目的表现，但十擢其职，升迁速度令人惊讶。究其秘诀，与自身聪明、敬业、低调分不开，更重要的是，在曹丕未发达时攀附、辅助曹丕，为自己赢得了巨大的仕途红利。

在曹操去世这一关键时刻又发挥了至为重要的作用，拥立曹丕，让曹丕对他信任有加。司马懿的智慧内敛和政治嗅觉，为他铺垫了权力擢升的金光大道。

守住后院，做镇国之宝

曹丕登基，改元黄初，将国都定在洛阳，许都保留行宫。因许都乃曹魏发祥之地，改名为许昌。

见曹氏毅然丢弃了汉室这块早已被掏空的皮囊，刘备在成都以延续汉祚为名，于次年登基称帝，对抗曹魏，国号依然为汉，历史上称为蜀汉或蜀。

接着，刘备发动夷陵之战，兵败后气急之下，染病身亡。后主刘禅继位，实际大权掌握在托孤大臣诸葛亮手中。

公元 229 年，在政权稳固后，孙权亦称帝，移都建业，国号吴，史称孙吴或东吴。

魏蜀吴鼎立，因蜀汉丞相诸葛亮善兵，魏国忌惮，对蜀国采取守势，对吴国采取攻势。曹丕在位期间，曾发动三次大规模伐吴。

公元 222 年秋，曹丕首次南征伐吴。这次伐吴，分东西中三路进军，主力部队推进到长江边上时，碰到瘟疫流行，为避免重蹈赤壁之战的覆辙，撤军息战。

两年后，曹丕再征东吴。这次征伐，仍然雷声大雨点小，无功而返。

曹丕率水路两军，从许昌出发，一路浩浩荡荡，经历寿春到达广陵，来到了长江边上。东吴见魏军势大，沿江设疑城，布疑兵。曹丕隔江相望，误判东吴兵多将广，短时间难以战胜，于是退军。

曹丕亲自统兵征伐，一个很重要的问题是，谁来留守后方？

楚汉战争中，汉高帝刘邦在前线作战，以萧何留守。击败项羽后，刘邦总结萧何功绩第一。曹操南征北战，多以荀彧留守；刘备亲征，诸葛亮留守；孙权不善征战，大多自己镇守后方，周瑜、吕蒙、陆逊等将领冲锋陷阵。

留守的大臣，必是亲信，还要能力超群，独当一面。既要保持后方稳定，又能为前线输送粮草，保障供应。

曹丕这次征战，把陈群带在身边，留司马懿镇守后方。

唯有司马懿，能让他无后顾之忧。

司马懿没有辜负曹丕，他兢兢业业办理政事，抚军赈民，征税纳粮，吏治民情，事无巨细，都打理得清清楚楚，处理得恰到好处。他不浮夸，不扯皮，不做表面文章，言语不多，开口就能切中要害，做事不少，却从不夸耀，从不邀功，给人以谦卑实诚的印象。

两次远征，远行千里，舟车劳顿，然而未经一战，未俘一卒，曹丕好不懊恼。当看到司马懿时，他又深感快慰。

为表彰司马懿功绩，方便以后出征，曹丕决定赋予司马懿更大的权力。他晋升司马懿为抚军大将军、假节，领兵五千，加给事中、录尚书事，改封向乡侯。

抚军大将军属军中二品，仅次于车骑将军、卫将军。这是司马懿第一个军职，并且手中有了常规军，日常领兵五千。汉魏制度，凡封将军的，依职位高低，分拨给一定数量的军队，平日用于训练和调遣，与私家兵近似。若逢战争，另外调拨军队。

所谓假节，指皇帝将符节借给执行任务的臣子使用，相当于后来戏剧中经常被提起的尚方宝剑。假节者，皇帝不在的时候，在一定范围、一定程度行使皇帝职权。

所谓给事中，与“侍中”一个性质，为加官，不过比侍中更高一等，可以常伴皇帝左右，相当于皇帝的顾问。

最厉害的还是录尚书事，相当于分管尚书台事务，负责审核哪些奏章可以给皇帝，哪些不能给，给皇帝之前，还要先提出自己的意见。录尚书事是文职中实际权力最大的，汉武帝之后，凡重要的大臣，无不是通过录尚书事参与朝政事务。西汉权臣霍光、蜀汉诸葛亮都曾录尚书事。曹操在奉迎汉献帝后，也曾录尚书事，牢牢把握住朝政大权。

这些职务，标志着司马懿已经成为曹魏“重臣”，实际职务等同“三公”。

是年司马懿四十六岁，出仕十六年。

次年，陈群也被任命为录尚书事。陈群为伴驾总管，司马懿为后方总管，两人分享了行政职权，职位基本拉平。

司马懿自己也觉得权力来得太快，心里不踏实，婉言谢绝，曹丕不许，说：“国家事务这么多，朕太忙了。给你这些权力，不是让你炫耀，而是让你干活，为朕分忧。”这是加授的一种说辞，带有调侃的意味，两个人关系很好时才会这样说话。在曹丕心中，司马懿不仅是臣子，还是朋友。这也是司马懿平步青云的重要原因。

司马懿无言以对，唯有接受。

稳定了后方，又过两年，心有不甘的曹丕决定三伐东吴。

这次，曹丕依然踌躇满志。他把司马懿叫来，把后方事务交代一番，并且鼓励说：曹参在刘邦手下虽然有战功，但萧何的作用更大，爱卿就是我的萧何！你把后方打理好，这一次朕一定踏平东吴，收取江左，你准备好为朕接风洗尘、庆功凯旋吧！

曹丕点十万大军，走徐州，到广陵，临江观兵，但见洪波涌动，百舸争流，戍卒十万，戈戟如林，旌旗百里，不禁诗兴大发，随口吟道：

观兵临江水，水流何汤汤。

戈矛成山林，玄甲耀日光。

猛将怀暴怒，胆气正纵横。

谁云江水广，一苇可以航。

魏军兵强将勇，气势如虹，在曹丕眼中，长江算什么，乘一只小筏子就可以航渡，然后攻城略地，占据东吴。

然而，战争毕竟不是作诗吟赋，单凭意气毫无用处。魏军磨磨蹭蹭，及至准备作战，竟然到了农历十月，严寒初至，河道冰封。魏军的数千战船，尽皆搁浅，不能行驶。于是大军回撤，再次无功而返。

曹丕第一次伐吴，险些攻占江陵，可谓小有战绩。后两次，与其说征伐，不如说炫耀，除了兴师动众、劳民伤财，并没有什么功效。然而司马懿三次留守，独当一面，政绩斐然，在魏室中积累了厚望，为以后的辅政治国打下坚实的基础。

累并快乐着

司马懿留守后方，在许昌办公，可谓累并快乐着。

除了日常事务，司马懿还有一项重要的工作——协助曹丕推行“九品中正制度”。这是一项选人用人制度，在中国历史上实行四百年，对魏晋至隋唐的政治产生了深远的影响。

汉代选官用人，实行的是“察举制”。

汉高帝刘邦马上得天下，但深知治天下需要知书明理之士。他发布求贤诏，希望能得到辅佐帝业的人才。汉惠帝时期，下诏奖励有孝悌德行和努力耕作者，并作为选拔官吏的科目，这是“察举制”的雏形。

到了汉武帝，“察举制”逐步完备，有了统一的选才标准和考试办法。考察科目囊括各个领域，既有道德品质，又有学识才干；既有儒家经文，又有律文法令，更有军事兵法。

“察举制”的实施办法，主要是逐级察举。当时的行政单位有郡、县、乡、里，如果发现符合条件的人才，由乡里推荐到县，县经过筛选推荐到郡，郡经过筛选推荐到朝廷。

察举制为天下寒士擢升提供了通道，实行初期，确实发现和选拔了很多优秀人才，西汉的董仲舒、东方朔、司马相如，都出身卑微，通过察举得到朝廷重用，成为有影响的人物。

但是，由于人品道德没有固定的衡量尺度，察举制到了后期，地方官吏和乡村豪绅勾结在一起，向朝廷举荐的往往是高门望族子弟，人品学识反倒被忽略，出现了“举秀才，不知书；察孝廉，父别居”的奇怪现象。

到了汉末，非常时期，遇到曹操这个非常之人，自然会有非常之举。曹操的人才观是“唯才是举”，英雄不问出身，人才不问贤德，直接对抗实行了近四百年的“察举制”。为此，他多次颁发《求贤令》，指出“负污辱之名，见笑之行，或不仁不孝，而有治国用兵之术。其各举所知，勿有所遗”。只要有治国用兵之术，不仁不孝、作奸犯科都无所谓。曹操不拘一格使用人才，一些寒门之士得以脱颖而出，他的手下大将乐进，开始只是帐下小卒，被发现后破格提拔，成为将军。他非常欣赏身边的寒士丁仪，甚至要把女儿嫁给他。一些品行不好的人，在他这里也有用武之地。曹操最信任的谋士郭嘉，行为不检点，受到弹劾和非议，曹操不以为意。贾诩曾经为董卓及其余党出谋划策，导致天下大乱，后又辅助张绣，杀了曹操的长子，这样一个“十恶不赦”之人，曹操不计前嫌，大胆使用，汲取了他很多有价值的建议。

曹操“唯才是举”，扩充了自己的实力，但也为豪门世族所不容。曹操执政时期，辖区内叛乱断断续续，几乎没有停止过，大多是士族在背后张目。曹操一生不得称帝，也与士族的对抗有关，譬如荀彧，颍川郡最大的士族代表，一直维护汉室统治，反对曹操晋爵建国。

曹丕继位后，改变政治策略，向士族妥协，以取得他们对新政权的支持。“九品中正制度”，就是皇族和士族妥协的结果，这一制度重新确立了世家大族在推举人才上的优先地位，曹丕由是得到士族的支持，短时间内得以废汉立魏。

“九品中正制度”的始作俑者，正是颍川陈氏家族的代表——陈群。

陈群，字文长，颍川人。颍川陈氏和颍川荀氏、弘农杨氏等，都是盛极一时的大家望族。陈群比司马懿年长，在曹操执政初期投奔曹操。陈群品行高洁，正直通雅，也是曹丕“四友”之一。曹丕毫不掩饰对陈群的赏识，把陈群比作孔子最得意的弟子颜回。

陈群在军事智谋上不如郭嘉、程昱等，但在治国方略上却更胜一筹。他提出的九品中正制度，不仅使曹丕和士族之间达成默契，使曹魏政权得到社会主流的支持，而且催生了魏晋南北朝的士族政治，一直影响后世四五百年，直到隋唐“科举制”实行，士族政治影响才逐渐式微。

所谓九品中正制，就是选取社会名流担任“中正官”，对候选人才进行评定，确定品级，分为九品，因此称为九品中正制。

中正官拥有对人才选拔使用的决定权，设置中正官是决定成败的最重要环节。州里的中正官叫州都，由各州长官推举产生；郡里的中正官称中正，由郡长官推举产生。

中正官的主要职责是发现和品评人物，品评的内容比“察举制”简单许多，主要有两个方面：一是家世，就是家庭出身和背景。二是行状，就是个人的品行才能。根据这两项，为考察对象下评语、定品级。如果品评等级为上品，朝廷会酌情授予官位，如果品评等级为下品，就失去了做官的可能。

九品中正制在实行过程中，又逐步派生出九品官阶制，官阶亦分九品，“三公”一级为一品，到了县官，一般由七品官担任，这就是“七品芝麻官”的由来。隋唐以后，九品中正制寿终正寝，九品官阶的名称却保留了下来，一直到明清。

九品中正制确立后，曹丕连年征伐，陈群大多随军，这项制度由司马懿具体负责实施。司马懿出身名门，推行九品中正制自然不遗余力。正因为此，司马懿被世家大族拥戴，成为豪门望族的代表。

司马懿忙碌的第二件大事是尊孔崇儒。

汉代，国家倡导儒教，在都城设立太学，太学生数量最多时达到三万余。汉灵帝时，发生党锢之祸，太学生成为打击对象，受牵连者甚众。战乱之后，太学更是不复存在。

除了中央的太学之外，地方也兴办“小学”，如郡学、县校、乡庠，但小学也在战乱中被损毁殆尽，造成国家教育停顿，儒教不兴。

针对这种情况，司马懿组织恢复学校教育，重兴太学，令人收集儒家教义经典，并整理注释，纳入国家太学和地方小学的必修课。

除此之外，还在全国推广儒家礼仪，让全社会形成服膺儒教的风尚。

当然还有赈灾济民、扶持农耕这样常规事宜。

这些政务，和司马懿治国理念相符，因此司马懿虽然忙碌，但心里充实、高兴，可谓累并快乐着。

洛宫受诏，做了辅政大臣

很多事件的发生是有预兆的。

曹丕三伐东吴，再次无功而返，本打算到许昌休憩数日，再返回洛阳，不想许昌的城门这时候坍塌了。

多年兵荒马乱，财政吃紧，城门年久失修，倒塌也属正常。但古人迷信，认为这是天意，预兆不祥。因此曹丕绕过许昌，直接回到洛阳。

尽管如此，凶兆还是很快应验。不久，曹丕一病不起。五个月后，公元226年农历五月，曹丕病逝于洛阳皇宫，在位共七年，谥号文帝，史称魏文帝。

曹丕去世前，宣布传位于平原王曹叡。

曹叡，字元仲，曹丕长子，为甄妃所生。甄妃原为袁绍次子袁熙之妻，曹操攻破邺城之时，曹丕率先进入袁府，见甄妃国色天香，遂纳为妃。曹丕早先宠爱甄妃，称帝后美色渐多，渐渐移情别恋。对此甄妃颇有怨言，曹丕一时恼怒，竟派使者将其赐死。

甄妃在历史上非常有名，传说曹植暗恋这位嫂嫂，为纪念她写下缥缈华美的《洛神赋》。这其实是后世好事者的附会，《洛神赋》并非为甄妃而作。有意思的是，甄妃冤死于黄初二年，《洛神赋》作于黄初三年曹植被贬的路上，难怪有人穿凿。

曹叡因生母被杀，怨愤不平。曹丕察觉，对立太子事犹豫不决，因此一直没有着意培养曹叡。及至继位，尽管已经二十三岁，曹叡没有经历过军事和行政上的历练，丝毫没有治国经验。

曹丕意识到了这一点，为了弥补缺陷，在去世的前一天，为曹叡选取了四位辅政大臣。这四位是：曹真、曹休、陈群、司马懿。

彼时，曹姓人中，曹洪、曹仁、曹彰等都已去世，曹家有功绩、有能力的也只有曹真和曹休了。曹真为中军大将军，曹休为征东大将军。托孤辅政，自家人是首选。

陈群和司马懿是曹丕最为信任的外姓大臣，也是曹丕的左膀右臂。陈群长于治世，对魏国政治建设卓有建树。司马懿精于做事，谋划行事滴水不漏。这两人各有所长，又互为补充，加上私交甚密，不至于龃龉杯葛。陈群当时为镇军大将军，录尚书事；司马懿为抚军大将军，录尚书事。

中军大将军、征东大将军、镇军大将军、抚军大将军，都是一些军中名号，职务高低并没有明显区别。

从对辅政大臣的选择上看，曹丕知人善任，把忠诚放在首位，其次是能力。

担当辅政大臣，意味着已经进入了权力核心。是年，司马懿四十八岁。

确立辅政大臣时，曹休在扬州防范东吴，没有被召回京城。曹丕把曹真、陈群、司马懿召到病榻前，对曹叡说："如果有人离间这三位贤臣，你不要听信谗言，不要怀疑他们。"

曹真等三人痛哭流涕，表示决不负圣恩。曹丕遂黯然而去。

黄初七年，公元226年，曹叡登基，是为魏明帝。次年，改年号为太和元年。

按照惯例，新皇即位的第一件事是加爵晋赏，安定人心。其中，曹休进封长平侯，曹真进封邵陵侯，陈群进封颍阴侯，司马懿进封舞阳侯。

舞阳侯是县侯，比起之前的向乡侯，司马懿的爵位又高了一等。

东吴孙权听到曹叡继位，没把他放在眼里，对身边的人说："老曹家一代不如一代，曹丕比曹操差远了，曹叡比曹丕又差了一截儿。"他决定趁新皇登基，给曹叡一个下马威。

孙权以善于识人著称，可这次他真看走眼了。曹叡从小聪慧，好学多识，曹操十分欣赏他，夸奖说："有了你，老曹家可以有三代基业了。"也有一种说法，曹操为了曹叡才选择曹丕做继承人。

曹叡从小得不到父爱，也让他身上少了些娇贵，多了些承受和担当。

东吴兵分两路，一路孙权亲自带兵，攻打江夏，另一路由诸葛瑾、张霸率部进犯襄阳。

先看第一路。当时曹魏江夏太守文聘，见孙权御驾亲征，来势凶猛，于是坚守不出。朝廷中很多人建议马上发兵救援，被曹叡否决。曹叡说："东吴擅长的是水军，围攻破城不是他们的强项。现在战斗已经进入相持阶段，不久他们就会无功而返。"不出新皇所料，相持二十多天，吴军果然撤走。

再看襄阳一路。曹叡令司马懿率军迎战。这一战很轻松，双方一交手，诸葛瑾不是对手，张霸被斩于马下，吴军仓皇逃走。

这是司马懿第一次领兵出征，可惜史家在这里惜墨如金、一笔带过，让我们没有办法了解详情。

曹叡于众多文臣武将中挑选司马懿挂帅出征，不能不说其慧眼识珠。司马懿祖上做过武将，按照基因遗传规律，曹叡相信，这个持重稳健而不尚空谈的士族子弟，或许真的有几分军事才能。

曹叡拿这次小战役试刀，目的也是培养新人，以期日后对司马懿委以重任。

第四章

督军荆豫：立功树威

上庸擒孟达，一战成名

孙权“下马威”没有给魏国造成多少麻烦，倒像是给新皇登基举行庆典。

曹叡抑制不住内心的兴奋，再一次为众臣子加官晋爵：升钟繇为太傅，华歆为太尉，陈群为司空，是为“三公”。曹休为大司马，曹真为大将军，司马懿稍逊，为骠骑大将军。

军事上，曹休、曹真为第一等级，司马懿仅次于他们，为第二等级。

通常皇帝年幼，先皇才遗命辅政大臣。而曹叡现在已经二十三岁，意气风发，渴望大展宏图，不愿身边放着几个辅政大臣碍手碍脚。但先皇遗命，又不得不遵守，于是他想了个办法，把辅政大臣分散开来，尽量外派，两相清静。

太和元年六月，曹叡对军政事务重新进行布局。

他把四位辅政大臣放在了最重要的位置上。

曹休依然镇守东线，都督扬州军事。

曹真依然镇守西线，都督雍州、凉州军事，抵御蜀汉。

司马懿被任命镇守南线，都督荆州、豫州军事，驻宛城（今南阳）。这一条战线，曾是赤壁之战的生命线，后来由曹仁镇守，又是与关羽襄樊之战的最前沿，在三国时期一直是战略要冲。

陈群被留在朝廷内佐政，升任司空，总领尚书台事务。无论曹丕，还是曹叡，都把陈群放在身边，一来是因为司马懿比陈群更适合独当一面，或者说能力更强一些，二来陈群的优势在于方略，在于制度建设，是那种纸上谈兵式的人物。曹丕“四友”中的另一位吴质评价说：“陈群从容之士，非国相之才，处重任而不亲事。”说陈群性格不急不躁，不善于处理具体事务。他评价司马懿“忠智至公，社稷之臣”，是能够担当大事的人物。

这次任命，对司马懿有里程碑式的意义。从此，司马懿涉足军事，手握兵权，在朝中分量日重，最终完成由重臣到权臣的转变。

司马懿上任督军，很快展示了他的军事才能，创造了三国经典战役的又一神话。

司马懿镇守的前线正好位于魏蜀吴三国交界地带。

宛，在南阳盆地北部，北依伏牛山，为洛阳门户；东靠桐柏山，接壤东吴重镇江夏；西北与长安被秦岭阻隔；向西越过大巴山通往汉中；南面一马平川，经过襄阳直指南郡。

三面高山，像怀抱，给宛城以安全感，只有南面容易受到东吴威胁。曹叡派司马懿镇守宛城，主要意图也是对抗东吴。但是，不能忽视的是，在大巴山和秦岭之上，三千米海拔的华中屋脊，有三座城池，战略位置十分重要：得之，则可俯视汉中；失之，蜀国军队居高临下，宛城如芒在背。

这三座城池，分别是房陵、上庸、西城，行政区划上属于汉中，被称为“东三郡”。

给司马懿带来麻烦的，正是这东三郡。

三郡曾经归蜀国所有，襄樊之战后三郡为曹魏所得。房陵郡和上庸郡合并为新城郡，由孟达驻守，治所上庸城。西城郡则改名魏兴郡，由三郡旧部申仪为太守。

孟达，字子度，扶风人。孟达原为刘璋部下，后背叛刘璋，引狼入室，做带路党，帮助刘备窃取益州。襄樊之战后，他献东三郡，投降曹魏，深受曹丕赏识。曹丕拜孟达为散骑常侍、建武将军，封平阳亭侯，任命为新城太守，甚至把他召到洛阳，和他出则同车、入则共辇。

曹丕厚待孟达，引起魏国大臣不满。司马懿是表现最为强烈的一个，他多次向曹丕进谏，认为孟达先事刘璋，后投刘备，再降魏国，是不折不扣的投机分子，不适合委以边疆重任。刘晔也认为孟达贪图小利，不是忠义之人，不能信任，但曹丕不听。

揣测曹丕的用意，大概是借孟达收买人心，希望蜀、吴两国更多的边将投诚。

曹丕驾崩后，孟达知道魏国反对他的人很多，终日惶惶，不知该如何是好。

正在这时，蜀国丞相诸葛亮伸来了橄榄枝。

兴复汉室是诸葛亮孜孜以求的目标，是蜀国的最高纲领。现在蜀国弱、魏国强，如果按照这个趋势发展下去，双方差距势必越来越大。诸葛亮心急如焚，不顾国力孱弱，决定北伐，在乱局中捕捉机会，赢取胜利。

诸葛亮出山时，曾为刘备制定了一个著名的军事规划，后世称为《草庐对策》。《草庐对策》规划的北伐路线有两条：一条是出秦岭，占据关中；另一条是出荆州，直抵宛洛。荆州丢失后，这条规划只能跛足前行。现如今如果能有一支军队从上庸、房陵杀向宛洛，也是不错的选择。于是，诸葛亮在出师北伐的同时，着力策反孟达。

孟达是心胸高傲之人，唯有对诸葛亮敬佩有加。诸葛亮利用这一点，派人给孟达送信，谈交情，叙友情，表示不会追究孟达背叛的责任。孟达将信将疑，摇摆不定，但已有归蜀的意思。

为了尽快促成孟达归顺，诸葛亮决定釜底抽薪。孟达跟魏兴太守申仪不和，诸葛亮故意把孟达打算降蜀的消息泄露给申仪。申仪不敢怠慢，马上遣人报告给司马懿。孟达得知消息泄露，更加惶恐，只好下定决心，叛魏降蜀。

司马懿督军荆州、豫州，新城正在他的军事范围。

司马懿决定先稳住孟达，避免打草惊蛇。

司马懿给孟达写了封信，大意说：文帝很信任你，对你委以重任，放在边疆，作为抵御蜀国的屏障。反观蜀国，对你切齿痛恨，一直想置你于死地。诸葛亮过去拿你没有办法，现在用尽心机，鼓动你归降，就是要引诱你，报你当年叛蜀之仇。如果你答应降蜀，将把自己置身于危险境地。

孟达果然是摇摆人士，被司马懿花言巧语迷惑，又犹豫不决起来。

诸葛亮深知他的性格，怕他反复，不断督促他尽快举兵归顺，并提醒他防范司马懿突然袭击。

首鼠两端，终究不是办法。时间不等人，必须做出决断了！再三权衡后，孟达给诸葛亮回信，表示已经下定了决心。

他在信中透露了自己的如意算盘：

司马懿驻军宛城，离洛阳八百里，离我的新城一千二百里。得知我起事的消息，上奏天子，得到允许方可发兵。如此往来反复，及至魏军兵临城下，已经是一个月以后的事情了。那时我已备战充分，各项军事部署充分妥当，城防巩固牢靠，魏军远途奔袭，胜负难料。何况，新城地域纵深，地势险要，道路艰难，司马懿必定不会亲自前来。如若派其他将领来攻，我更能稳操胜券了。

为稳妥起见，他请求诸葛亮支援接应。

诸葛亮接到他的信，叫苦不迭。俗话说“兵者，诡道也”。孟达以常情常理推算司马懿，无疑是坐着不动等着挨打，定然凶多吉少。他粗略计算一下，即使当即派兵援助，恐怕已经来不及了，只有祈祷孟达好运。

如果是诸葛亮跟司马懿斗智，二人会棋逢对手，孟达还差得很远。假如古人会测智商，司马懿和诸葛亮的智商能达到一百六十，孟达最多只有一百二十。

关于怎样对付孟达，司马懿军帐里那些智商不高于一百二十的将领们也争论不休。有人认为，孟达尚在犹豫徘徊，这时候应以攻心为上，尽力拉拢争取。有人建议，新城郡易守难攻，魏军粮食不多，应该等后援充盈，再发兵不迟。

幸好司马懿并不糊涂，他力排众议，说：对手举棋不定的时候，正是守备松懈的时候。一旦等他们安排停当，再进攻就困难了。

司马懿拍板定案。兵贵神速，他没有按常规表奏天子，等待朝廷指令，而是特事特办，先斩后奏，亲自带兵日夜兼程，在陡峭险恶的山麓中紧急行军，一天走两天的路，只用八天时间，就到了新城郡治所上庸城下。

这一条线，穿越著名的武当山，深入大巴山，峰峦叠翠，险崖飞瀑，锦石溪流，云遮雾绕，林木葱郁，风景宜人。但司马懿和他的军队，毫无心情欣赏美景，他们直扑目标，给孟达来了个措手不及。

孟达还在为举兵的事进行具体安排时，登城一望，城下黑压压全是魏兵。

这太不可思议了！

没等孟达眯瞪过来，魏军就像汉水潮涌一样涌向城池。司马懿身先士卒，亲临城下指挥作战，从八个方向攻城。孟达也算是有军事才能的人，一边顽强抵抗，一边向蜀、吴两国求救。可惜两个国家在附近都没有大量驻军，只能派小股部队救援。司马懿早有准备，将援军截击在半路，同时以更猛烈的攻势攻打上庸城。

十六天后，孟达手下部将见大势已去，开门投降。孟达被杀，传首洛阳。

兵不厌诈、先斩后奏、先发制人、出其不意、速战速决，是这场战争的军事智慧。司马懿运用娴熟，一点也不像没有作战经验的新手。

司马懿一战成名，一跃成为一流战将，可以和当世任一高手相提并论，决战沙场。

诸葛亮来了

剿灭了孟达，督军各地的官员都到宛城祝贺，司马懿趁机把魏兴太守申仪一并拿下。

申仪在剿灭孟达反叛中立了功，及时向朝廷报告孟达动向，司马懿攻打上庸城的时候，申仪负责截击蜀国援兵，使上庸城得不到救援。

申仪兴高采烈地到宛城打算受赏，不料被司马懿拘捕。司马懿拘捕申仪的理由是，以皇帝的名义刻制印章，私自任命官员。

其实，申仪是本地大户，在东三郡是个地头蛇。经历张鲁、刘备、曹魏，“城头变幻大王旗”，无论旗帜怎样变换，可申仪对西城的统治始终没有变，人马和官员也一切如旧。申仪深耕多年，就是西城的土皇帝，很多事情，僭越朝廷，类似于独立王国。

司马懿找借口拿下申仪，就是要加强对边境的控制管理，树立自己的威信。

司马懿将申仪送到洛阳，朝廷也知道他并无大过，并没有处罚他，后来还被封为楼船将军。

司马懿以霹雳手段擒孟达、拘申仪，巩固了边防，在蜀地也引起震动。蜀国两员大将姚静、郑他率其部属七千余人前来归降。

魏国南线初战告捷，西线却不容乐观。

公元228年，诸葛亮率十万大军从祁山攻打魏国的西凉地区。

祁山位于秦岭西端，东西绵延五十余里，是扼守汉中和陇西的咽喉。

关中和汉中被秦岭阻隔，翻越秦岭联系两地，有四条主要道路，从东到西，依次为子午道、傥骆道（别名“骆谷道”）、褒斜道、陈仓散关道。

东一子午道，从长安出发，向西南穿越秦岭过宁陕县至石泉县，再到汉中，全长八百里。山道穿行于悬崖山谷之间，多由铺设木栈道连接而成。秦朝灭亡后，西楚霸王项羽怕刘邦与自己争夺天下，将巴、蜀、汉中三郡封与刘邦，立为汉王。刘邦从子午道入川，过后一把火烧了木栈道，表示一心一意做个汉王，不再染指关中，为的是迷惑项羽。后来王莽对栈道进行了修复，子午道才得以重新贯通。

东二傥骆道，由周至县西向西南到洋州道兴县（今洋县）北，全长四百多里，是关中到汉中平原最近的道路，也是最险要的道路。唐代安史之乱时，唐玄宗到四川避难，走的是傥骆道。

东三褒斜道，南起褒谷口（汉中市），北至斜谷口（眉县），贯穿褒斜二谷，故名，全长五百里。褒斜道是几条道路中最宽大的道路，适合军队行进，也是几条道路中最常用、最重要的一条道路。战国时秦国大军通过褒斜道灭掉了蜀国。

东四陈仓道，由汉中向西北到凤县，再由凤县向东北至陈仓（今宝鸡）。刘邦在汉中积聚了一定实力后，决定挥师中原，与项羽争霸天下。他用大将韩信的计策，派樊哙去子午道大张旗鼓地重新铺设木栈道，这样浩大的工程即使三年也无法完成，驻扎在关中的楚军因此麻痹大意，消极防守。不料刘邦的精锐部队暗地里翻山越岭偷袭陈仓，顺利进入关中。这个典故就叫作“明修栈道，暗度陈仓”。刘邦走的这条小路，就是后来的陈仓道。

诸葛亮的主力部队并没有选择这四条道路，他独辟蹊径，向西绕道跨越祁山攻取陇右，迂回进入关中。

诸葛亮一生五次伐魏，有两次从祁山进攻。小说演绎诸葛亮“六出祁山”，是不准确的。

蜀国大将魏延，建议诸葛亮大军出祁山，拖住魏军主力，趁魏军后方空虚，由自己率五千人从子午道出奇兵，直取长安。长安得手，东西夹击魏军，关中可得。

魏延，字文长，义阳（今河南桐柏）人。刘备入川时魏延就追随左右，很得刘备器重，被任命为汉中太守，封镇北将军。魏延颇有关羽之风，勇猛过人，善待士卒，在以后蜀军历次北伐中，都是数一数二的角色。但他也和关羽有着同样的缺点，冒险激进，自视清高，看不起同僚。

诸葛亮赞赏魏延的勇气和智慧，擢升他为丞相司马、凉州刺史，但却没有支持他的建议。

后世对魏延的建议是否可行争论不休，历史不能推倒重来，没有人能够推演历史发展的走向，只能纸上谈兵，分析各种方案的优劣。

从风险上考虑，子午道险峻，魏军如果把持要隘，一夫当关、万夫莫开，魏延将无功而返。即使顺利通过子午道，以区区五千蜀军，长途跋涉而来，岂能迅速夺取魏国西部重镇长安？！

这恐怕是诸葛亮不愿采用魏延建议的主要原因。诸葛亮一生谨慎，善于在两军对垒中捕捉战机，不愿把自己的命运交给天意。

陇西原是马超的根据地，马超和父亲在凉州起兵，盘踞凉州二三十年，后来被曹操打败，投降刘备。虽然马超已死，但在陇西有良好的群众基础。蜀军如果能够占领陇西，利用这里复杂的地形反客为主，可顺渭水俯攻关中，会在战略上取得有利形势。当年取得汉中后，刘备和诸葛亮就把目标锁定在凉州。

所以第一次伐魏，把方向定为陇西凉州，有战略考量，也是既定方针。

诸葛亮的战略部署是，老将赵云带一队人马，从褒斜道佯攻关中，吸引住关中军队，诸葛亮亲自率领大部队，快速翻越祁山，占领陇右。

一开始，蜀军进展很顺利。赵云率领少量军队号称是蜀汉主力，由褒斜道进军，出斜谷，占据秦岭北麓的箕谷，做出直逼长安的样子。魏国关中的雍、凉二州的督军是曹真，果然带领大军迎敌，驻守郿县（今眉县），两军形成对峙。

西线，诸葛亮带领蜀军主力，西出祁山，进展迅速。天水、南安（治所在今陇西县）、安定（今定西市）三郡防守薄弱，没有多少抵抗就叛魏降蜀。在天水，还收服了郡参军姜维。

蜀军陇右大捷，震惊了魏国朝野。明帝曹叡丢开朝中所有事务，带领五万大军从洛阳星夜赶到长安，亲自督战西部战局。曹叡是聪睿英明之主，从他对朝政的把握和几次处理军事事件来看，其能力虽不及其祖父曹操，比其父曹丕毫不逊色。曹叡鼓励臣下和将领："诸葛亮依靠秦岭天险还可以固守，现在亲自前来，犯了兵法大忌，我们一定能够打败诸葛亮。"他并没有抽调曹真大军，而是把五万兵马交给大将张郃，紧急向西挺进，务必抢关夺隘，占据有利地形，以图适时展开反攻，夺回陇右。

一个人，一处山，一次战术错误

张郃是魏国“五之良将”之一，很早就追随曹操，资历老，战功多，在战场上很有威慑力。

军情报至诸葛亮，诸葛亮不敢怠慢。当务之急，是派人抢先把守咽喉，将张郃阻挡在陇西之外。由于三郡刚刚投降，军人并未完全归顺，百姓也没有完全归附，诸葛亮要在这里主持大局，只有派得力将领前去迎敌。那么谁可担当重任？蜀军内部出现了分歧。

夷陵之战耗费了蜀汉国力，也消耗了蜀汉的人才。蜀汉如今人才凋敝，能够独当一面的大将凤毛麟角。诸葛亮身边最有战斗力的，莫过于魏延。众将军也看好魏延。然而诸葛亮却另有人选。魏延性情孤傲，爱好冒险，急于立功，经常不受节制。驻守关隘，需要智慧、稳重之人，换言之，不求有功，但求无过，魏延并不合适。

诸葛亮力排众议，选择了马谡。

马谡，字幼常，襄阳世家出身，其兄马良，是刘备最为得意的青年将领，可惜在夷陵之战中阵亡。马谡才气过人，对兵法有很深的研究。可刘备认为马谡夸夸其谈，外在名声大，实际才能小。他临终时告诫诸葛亮不可对马谡委以重任。

马谡经常和诸葛亮坐论用兵之道，为诸葛亮赏识。诸葛亮平叛南疆苗人时，马谡献策“攻心为上”，正契合诸葛亮的少数民族政策，受到诸葛亮重视。诸葛亮逐渐淡忘了刘备的告诫，把马谡时时带到身边，用做参谋，不离左右。

诸葛亮把马谡当作未来的接班人去培养，他要让马谡亲自带兵，在实践中加以锤炼。

尽管他信任马谡的军事才能，但马谡毕竟是第一次独立带兵作战，诸葛亮又是谨小慎微之人，他为马谡配个有经验的副将——王平。王平有经验没理论，马谡有理论没实践，在诸葛亮看来，这是一对儿绝配。他对二人如此这般进行一番部署交代，让二人领一路精兵前去迎敌。

根据张郃的行进路线，蜀军选择在一个叫街亭的小地方阻击敌人。街亭的具体位置，如今众说纷纭，但街亭的地势风貌，应该是这样的：周围群山连绵，一条河流穿过重峦叠嶂，冲击出宽敞的河床。河床上，坐落着三三两两的民居，低矮的草房，篱笆扎成的围墙，显示出这里的生活曾经简朴而宁静。如果在和平年代，农民会开垦出土地种植庄稼，自给自足；牛羊成群结队地在山坡上吃草，悠闲自得。而如今，由于连年的战争，村民不知所向，田间长满杂草，牛羊圈里散发着腐臭的气息，整个街亭小镇毫无生机，到处透露出荒芜和破落。

现在，这里即将发生一场惨烈的战争。

街亭的地理形势，恰如咽喉，在这里驻扎一支军队，挡住去路，陇右可保安然无恙。

事实上，并不一定是这样。

马谡到达后，按照诸葛亮的锦囊妙计，军队应在河床道路上安营扎寨，挡住张郃去路。但是，马谡观察地形后别出心裁，以为居高临下，天赐之险，魏军胆敢从这里经过，部队从山上冲击下来，敌人必然落花流水。

因此马谡决定在道路旁的山冈上安营扎寨。

王平力劝，马谡不从，王平只得自领一千人马守住道路。

熟读兵书的马谡这时候脑子里进了水，犯了个常识性错误，注定了蜀军的失败。

张郃到后，见马谡在山上扎营，于是将整座山峰团团围住，掐断水源，使山上缺水少食。山上的军队不仅得不到补给，而且连生存都成了问题，未战先乱。马谡第一次带兵，在军中又没有威望，始终无法组织起有效反攻。

蜀军不战自乱，等乱到一塌糊涂时，魏军轻而易举地攻破蜀军。

马谡街亭大败，仓皇而逃。

王平一千军卒无法抗衡张郃五万军队，拼命擂响战鼓，制造假象。张郃不知王平底细，未敢继续进攻，这一千士卒安全撤退。

失守街亭，固然有马谡策略之误，然而公正地说，任谁换了马谡，也未必能阻挡住张郃铁骑。

张郃统领曹叡从洛阳带来的五万人马，这五万人马大概属于皇帝近卫兵，魏军中最为精锐的虎豹骑部队。蜀军这次北伐，倾尽全国兵力，也不过十数万人。赵云在箕谷和曹真大军对峙，少说也应有二三万人；诸葛亮指挥的军队又被散布在祁山和天水、南安、安定三郡，能抽调给马谡的，实在有限。王平驻扎山下，只能分拨出一千人，可以推测，马谡带领的部队，也不过在万余人左右。以一万抵五万，想要坚守住临时选择的阵地，实在不易。

况且，街亭并无完好的防守工事。

可能正是考虑到这些不利因素，马谡才贸然决定在山上扎营，欲置之死地而后生。

可惜，马谡忽视了士兵对水的生存依赖，高估了在困难境地中部队的战斗力，以至于一击即溃，不但未能阻挡魏军，甚至未能延缓魏军的前进速度。

无论如何，这么快丢掉街亭，都是一个无法原谅的错误。

如果换做魏延，或者其他将领，可能为诸葛亮赢取更多的时间。诸葛亮一旦稳定了陇西，抽出身来对付张郃，张郃自然不是他的对手。

马谡同战国时赵国将军赵括一样，留下一个纸上谈兵的笑话。

街亭这么快失守，让诸葛亮措手不及。蜀军在陇右三郡已无险可守，即使暂时能够抵挡张郃，也无法长期控制三郡。

无奈，诸葛亮只好忍痛撤回汉中。

在东线褒斜道上，赵云也寡不敌众，撤出斜谷，烧了栈道，以防曹真追击。

第一次北伐的大好形势就这样被葬送，可谓来也匆匆，败也匆匆。

看似败于一个人，一处山，一次偶然的战术错误，其实，国力孱弱，兵源不足，才是失败之源。蜀军，败在一场勉力而行的战争。

事后，诸葛亮按军法处置，挥泪斩马谡。

斩马谡时，丞相是否会想起，蜀汉曾有过五虎上将不可一世的盛况？是否会悲凉地感叹无将可用、无兵可调的窘迫？

东吴还是西蜀，且看我谋伐天下

魏明帝曹叡亲自坐镇长安，督军打败蜀汉丞相诸葛亮，心里自然非常高兴。

长安乃秦汉故都，见证过前朝的强盛繁华。作为一名有抱负的帝王，曹叡不能不为长安怦然心动。他仔细考察了这座城市，试图从角角落落里寻找出盛世强权的蛛丝马迹。

曹叡在长安盘桓不少时日，谁料洛阳那边谣言四起，朝野震动，迫使曹叡不得不回驾皇都。

第一个的谣言说曹叡久久未归，已经在长安驾崩。曹叡回到洛阳，谣言不攻自破。皇后以及身边的人劝曹叡查找谣言源头，严惩元凶。曹叡深谙君王之道，要有容人之量，不能使朝廷上下人人自危，于是笑了笑说："全天下都在传播，我总不能把天下人都杀了吧！"这事便不了了之。

另一个谣言是关于司马懿的。司马懿用霹雳手段平定上庸，一些朝臣私下议论其擅自调动军队，不受朝廷节制，诛灭异己，秘密谋反。

谋反是诛灭九族的大罪，曹叡不敢等闲视之，立即宣司马懿入朝。

司马懿不敢怠慢，火速赶到洛阳，觐见皇帝，当面汇报当时的情形，打消了曹叡的顾虑。

君臣误会冰释，相谈甚欢。曹叡于是咨询司马懿统一天下大计。

曹叡问东吴西蜀，应该先吞并哪家。

司马懿认为先吴后蜀。

为什么？

司马懿分析了当时的形势：论国力，无论吴、蜀都不可与魏国匹敌，吴、蜀之所以能各霸一方，所凭峙的，天险也。蜀汉有秦岭，孙吴有长江。司马懿认为，秦岭只要固守几条通道，很难突破，当年连太祖都不能守住汉中，破蜀汉实在不易。因此建议首先攻取东吴。

事实上，从三足鼎立的那一时刻起，无论曹操，还是曹丕，都把进攻的重点放在东吴方向。曹操数次对东吴用兵，曹丕也三次亲征伐吴，都是贯彻先吴后蜀的战略思路。

曹叡又问怎样才能攻灭东吴，司马懿谈了自己的规划。

先看看魏吴之间的形势。魏吴之间的战线，通常有四条：一是在广陵（今扬州）一线；二是在合肥、东关（今安徽巢湖市东南，合肥向东南濒临长江处）一线，这一线东吴占有长江以北大量土地，双方交战以陆军为主；三是在江夏；四是在襄阳、江陵一线。魏文帝曹丕两次伐吴，临江观兵，都是广陵一线；曹操征伐张鲁时，孙权趁机出兵攻击曹魏，是通过东关进攻合肥；襄阳、江陵为荆州旧郡，更是战火不断；只有江夏，同样为咽喉之地，却没有发生过大战。

江夏亦为隶属于荆州的一个郡，位于汉江和长江交汇处。赤壁之战时，江夏郡为曹、孙、刘三家瓜分。北方，两江之北，为曹操占有；南方，西部夏口归刘备，东部鄂县等一小部分归孙权。后来刘备退出荆州，南方全部为孙吴所占，形成一郡二国、隔江相望的局面。

司马懿指出，魏军的薄弱环节，在于水军。他建议在荆州秘密训练水军，等水军有成，集结陆军从广陵、合肥处佯攻，吸引东吴主要兵力防守东部。然后，荆州水军乘虚进攻江夏，江夏一破，相当于扼住东吴的咽喉，大军便可长驱直入，占领江东。

这就是司马懿“献计伐吴”的规划。这是司马懿一生为数不多的全国性军事战略规划。这个军事战略的要点有二：一是先吴后蜀，二是把江夏作为攻吴的突破口。从魏国和吴国交战记录来看，从夏口进攻确实有出其不意的功效。

司马懿献计伐吴的规划，最大亮点在于进攻突破口的选择上。但这种规划，更多的是基于战术层面，其战略价值不能给予过高评价。

其实，从当时三国形势来看，魏国无论灭蜀，还是灭吴，都几乎是不可能完成的任务。蜀国丞相诸葛亮，政治才能和军事才能都臻上境。其受遗辅政，德威远著，民安刑清，上下一心，不是一般军事力量可以突破的。吴主孙权，一代雄主，陆逊等著名将领还都在世，江东又根基牢固，政治稳定，比赤壁之战时更上一层。加上蜀吴结成同盟，其攻不足、守有余。魏明帝曹叡尽管沉毅明敏，雄才大略，但想在军事上有所作为，实在是勉为其难。

然而三国连年用兵，一直把军事斗争作为基本国策，司马懿也只好推波助澜。

当然，不排除其还有一点点小私心。

江夏和江陵，都在司马懿督军的范围内，江陵数次战役，魏军都没有占到多大便宜，司马懿献计把江夏作为伐吴的主攻口，也有迫不及待彰功显绩的用意。

尽管如此，魏明帝还是高度赞扬了司马懿的策略，让司马懿回到荆州，抓紧时间训练水军。司马懿又提出让征西将军张郃助战，以便水陆两路同时进攻江夏。魏明帝立即批准，下令调张郃统率关中军到宛城协助司马懿，受司马懿节制。张郃到达荆州时，正赶上冬季，水少河浅，水路不能行进，只好暂时驻扎在方城（今属南阳），等春季到来再赶赴前沿阵地。

不料，这期间诸葛亮第二次北征伐魏，围攻陈仓。曹叡对其他将领不放心，又紧急调动张郃赶赴关中。张郃协助司马懿的计划就这样泡汤了。三年之后，二人有缘再次合作，演绎的却是一场将帅失和的军事悲剧。

张郃大军未到，诸葛亮因缺粮而退兵，第二次北伐依然无功而返。

西线战火刚熄，东线烽烟又起，司马懿水军进攻吴国的计划，因形势变化被永久搁浅。

陆逊的石亭　曹休的宿命

在魏国想方设法攻击吴国的时候，孙权也在千方百计削弱魏国的军事力量。

东线的主角是大司马曹休。

曹休，字文烈，沛国谯县人，是曹操的族子，曹洪的亲侄。他十岁丧父，独自携老母到吴郡避难。后听闻曹操在兖州起兵，千里迢迢回来投奔曹操。曹操非常感动，对别人说，这就是我们家的千里驹呀！曹操待他像亲儿子一样，让他跟曹丕同吃同住。

曹操在世时，曹休是曹军最精锐部队虎豹骑的统领之一，虽然年轻，但能力出众。他随叔父曹洪出征，名义上是参军，实际上被曹操授予真正指挥部队的权力，曹洪只是挂名而已。这说明他军事才能早已超过名将曹洪。曹丕登基后，曹休击破孙权历阳（今安徽和县）驻军，又遣兵渡江偷袭，烧掉吴军在芜湖的数千家军营，战功赫赫。曹丕驾崩后，曹休成为曹魏军营第一战将，官拜大司马。

曹丕之后，魏吴多次交战，主战场都在扬州。曹休督军扬州，战事最为频繁，胜多负少，斩杀、纳降东吴多名将领，孙权颇为忌惮。

孙权下决心铲除曹休。

吴地曾经有一些贼寇游勇，被打散之后躲避在山林当中。他们中间有些小有名气，连魏国将领都久闻大名。因为他们曾经被吴军镇压，比较容易取得曹休信任，孙权想收买他们，让他们诈降魏军，诱骗曹休。

孙权把这个差事交给了时任鄱阳太守的周舫。

周舫，字子鱼，吴郡阳羡县（今江苏宜兴）人。因为斩杀盗贼叛将有功，被任命为鄱阳太守。周舫了解孙权的意图后，认为那些贼寇成事不足，败事有余，不如自己亲自承担这项任务。孙权同意了他的建议。

公元228年，周舫给曹休写一封信，说自己受到吴王（孙权于次年称帝）责难，害怕被杀，打算投降曹魏，将整个鄱阳郡拱手奉上，希望能得到接应。

曹休当然不是能够轻易被骗之人，他派奸细到鄱阳郡刺探消息，得知那一段时间，不断有东吴的尚书郎到鄱阳郡调查各种事情，周舫因害怕，到鄱阳城门下，剪下头发谢罪。显然周舫在鄱阳郡遇到了大麻烦。曹休接到这个情报，判断周舫投降是真心实意的。

曹休马上把这一消息报告给魏明帝曹叡，自己则带着十万步骑军，进发吴国控制的皖城（今安庆市），接应周舫。皖城在长江北岸，鄱阳郡在长江南岸，如果能占据皖城，就能打通同鄱阳郡的联系。

尚书蒋济上书说："曹将军孤军深入，与孙权精锐部队对垒，江夏的吴将朱然又在后方，看不出有什么有利之处。"但曹休毕竟是辅政之臣，态度坚决，无法劝阻。曹叡虽然担心东吴有诈，但无法判定虚实，不愿浪费这个机会，他令建威将军贾逵，率军两万向东关（今安徽含山县）进军，侧翼呼应曹休，如果曹休兵败，也可作为接应。同时命令司马懿率军五万，攻打江陵。

这次主攻地点，并没有安排在司马懿建议的江夏，主要是形势发生了变化，双方的胶着点集中在皖城，加上司马懿水军训练还不成熟，只能作为助攻。

另外，曹叡是不是真心赞同司马懿的建议，也应打个问号。曹叡年纪虽轻，却精于驭人之术，臣子每每提出建议，都尽量给予肯定，甚至奖励，但过后是否采用，又有另外一番考虑。所以曹叡当政时，经常出现虚心听取臣子意见，过后依然我行我素的现象。譬如曹叡当政后期，耽于享乐，大兴土木，大臣们屡次进谏，他都表示知错就改，然而过后依然我行我素。

在曹休到达皖城之前，孙权抽调周围的军队九万人会聚皖城，任命在夷陵之战中大败刘备的儒将陆逊为主帅，并亲自到皖城督军。

作为主帅，陆逊将兵马分成三路，自为中军，令朱桓、全综两位将军为两翼，迎击曹休。

此时，皖城已经布下天罗地网，单等曹休前来受死。

曹休毕竟是身经百战的统帅，刚入皖城地界就感觉到不对劲儿，知道中计，暗叫不好。但他是极端自负之人，如果及时撤军，虽不至于有太大损失，但中敌奸计，被人欺骗，心中窝囊，传播出去，恐被人笑话。他略一合计，自己手中握有十万大军，只要拼死作战，胜负尚未可知。

于是他决定放手一搏，期待局势反转。

等到曹休进入陆逊的伏击圈，陆逊三路大军汹涌而来。吴军又准备充分，以逸待劳，气势如虹。曹休立足未稳，即遭受吴军猛烈冲击，士兵无心恋战，一触即溃，败退至石亭（今安徽舒城县境内）。

陆逊大军再接再厉，晚上偷袭石亭营寨，曹军早已风声鹤唳，未战先败，全线溃退，留下大量辎重军械，被吴军生擒一万多人。

陆逊事先已经在夹石（今桐城大关）和挂车（今桐城挂车河镇）的险要地段设置伏兵，这里是曹休败退的必经之地，这两个地方，像麻袋口，只要扎紧，曹休在里面真正成了板上鱼肉，任其宰割。

策应曹休的贾逵，深感曹休决策过于冒险。他分一半人马给将军满宠，带队往江夏，防止江夏吴军从背后夹击曹休。自己带着另一队匆匆赶到东关，发现东吴东关守军稀少，主力不在，知道上当，忙移师皖城，准备增援曹休。

走到半路，曹休失败的消息传来，贾逵兵力不多，许多将领不知如何是好，建议原地待命，等待救援部队。贾逵说："曹休现在进不能战，退不能还，敌人一定会在夹石这些地方设立埋伏，情况十分危急，等待援军肯定来不及了。"他命令部队急速行军，沿途插满旗帜，设为疑兵。

在夹石、挂车等地"扎口袋"的吴军，见到贾逵部队，以为魏军大部队前来救援，惊恐撤走。这样，曹休才幸免于难。

曹休一向看不起贾逵，魏文帝曹丕在世时，曾想授予贾逵符节，曹休从中作梗。这次石亭之战，如果不是贾逵，曹休肯定要命丧沙场。贾逵不计前嫌，体现了以国事为重的高风亮节。

曹休石亭大败之时，司马懿一直按兵不动，根本就没有开打。原来，曹叡已经预感到周舫投降这事不靠谱，诏令司马懿暂缓进攻江陵，等待东线消息。就这样，这一仗，司马懿作为后备，没有派上用场。

曹休是曹氏、夏侯氏第二代中最杰出的将领，从投奔曹操那一刻起，从来没有经过这样窝囊的惨败。回到家里，他羞愧不已，不久即患病身亡。

他虽然没有战死沙场，却依然死于这场战争。

东吴经过石亭之战，国防愈发巩固，根基更加牢固，孙权遂于次年称帝，国号吴，史称东吴或孙吴。

曹真伐蜀，一场大雨浇灭了梦想

大司马曹休去世后，军中第一把交椅轮到了曹真，大将军改任大司马。司马懿也福星高照，从骠骑大将军顺升为大将军，成为军中第二号人物。

此时西线关中地区，诸葛亮第二次北伐曹魏。这一次，他走陈仓道，围攻军事重镇陈仓。大司马曹真未卜先知，早有防备，派将军郝昭坚守陈仓。郝昭是河西名将，作战经验丰富。当时陈仓城里只有一千兵众，需要对抗诸葛亮几万人马。诸葛亮派人劝降，他义正词严予以拒绝。诸葛亮架云梯攻城，郝昭用带火的箭，将云梯烧毁；诸葛亮用冲车撞城门，郝昭用石磨击毁冲车；诸葛亮填塞护城壕沟，直接攀登城墙，郝昭就从城内加高城墙；诸葛亮挖地道，郝昭捣毁地道拦截。就这样攻守相持二十多天，陈仓坚如磐石，蜀军寸步难行，最后粮尽而退，无功而返。

擒斩孟达，街亭之战，石亭之战，陈仓之战，这些战役，都发生在公元228年，魏明帝曹叡登基的第三年，太和二年。在北疆，魏军还和鲜卑进行了一场马城之战，大败胡骑。

这一年，曹叡表示很忙。

次年春天，诸葛亮第三次伐魏。他派将领陈式攻打汉中西北部的武都郡和阴平郡，魏雍州刺史郭淮前去救援，诸葛亮亲自带领部队截击。郭淮自知不是对手，只好退兵。这样，武都、阴平二郡归于蜀国。

消息传来，魏明帝曹叡大怒。刚刚石亭战败，现在又丢了二郡，魏国损失巨大，曹叡誓报此仇。相比较而言，东线损兵折将，一时难以组织起大规模的反攻，曹叡决定改变先吴后蜀的战略，在西线采取报复行动。

西线总指挥、关中督军、大司马曹真和曹叡一拍即合。

曹真，字子丹，一说是曹操的族子，一说是曹操的养子。无论是族子还是养子，他跟曹操的血缘关系应该远于曹休。曹真小时候，和曹丕交好，这也是后来能够成为辅政之臣的重要原因。不过，作为曹氏家族的代表性人物，曹真战功显赫。刘备攻取汉中时，曹真和曹洪、曹休等击败过刘备手下别将。后来征讨西北诸胡，平定河西。曹丕三路伐吴时，曹真率军攻打江陵，颇有收获。诸葛亮三次北伐，曹真作为西线总指挥，总体上指挥得当，使诸葛亮数次无功而返。特别是第二次北伐，曹真事前料到诸葛亮会趁着石亭之战进攻魏国，并且精准地预测到诸葛亮进攻的方向是陈仓，于是派郝昭镇守陈仓，修筑城池，广储粮食，终于抵抗住了诸葛亮二十多天的狂攻猛打。

曹真早就想立下不世功勋，趁曹叡怒火正炽，他建议大举进攻蜀汉，即使不能亡其国，也要让他遭受重创，以后再不敢轻易觊觎曹魏。

这次战役受到陈群的激烈反对。陈群反对的第一个理由，是粮食等后勤保障不充分。他举例曹操当年攻打张鲁，预先囤积了很多小麦大豆，也没有支撑到战争最后。陈群反对的第二个理由，是进攻汉中的道路地形复杂，地势凶险，易守难攻，一旦被敌人掐断退路，后果不堪设想。总之，陈群认为，现在攻打汉中，时机还不成熟！

陈群是曹叡最为倚重的大臣，陈群反对，应该有个下文。然而曹叡一如既往地不予批驳，也不听从，他只是把陈群的反对意见反馈给曹真，供他参考。

在曹真的鼓动下，公元 230 年，曹叡集中魏国最优秀的将领，兵分数路进攻汉中，打算毕其功于一役，以绝后患。

主攻：曹真，从子午道进发；

副攻：司马懿，沿汉水而上，从上庸、西城向西进攻汉中；

助攻：从褒斜道、傥骆道以及凉州方向进攻，参加的将领有张郃、郭淮、夏侯霸、费曜等。

魏军的战略思维是多路并进，靠数量优势占据主动，一举攻下汉中。曹真跟其他各路将领约定，会师于汉中郡治南郑（今汉中市）。

虽然主力和大部分队伍都是从雍凉地区出发，但曹叡对司马懿这一路副攻还是寄予厚望。他赐予司马懿黄钺，表示关怀和重视。黄钺是装饰有黄金的斧头，代表皇帝的权威。将军领兵出征时，皇帝常常会赐予将军“节”或者“黄钺”，可以行使皇帝赋予的临时权力，称为“假节”“假黄钺”。“假黄钺”比“假节”地位更高，“假节”可以斩杀二千石以下官员，“假黄钺”可斩杀持有“假节”的将领。

司马懿其实不赞同这次草率的军事行动，但他没有提出异议。曹叡虽然表面宽容，实际上对托孤大臣并不完全放心，特别是司马懿作为外姓人，后来又发生谣言事件，难免会引起皇帝猜疑和不安。考虑到这些，司马懿选择像曹操在世时一样韬光养晦，多做少说。

八月，曹真的征讨大军迫不及待地出发了。

说这次军事行动草率，也表现在用兵时间的选择上。蜀道难，难于上青天，八月又是雨季，大雨连绵不绝，山中道路狭窄湿滑，不利于大部队行军。曹真的部队在艰险的蜀道上冒雨前进，行进得困苦、缓慢。进入秦岭深处后，才发现前方的栈道被大雨和山洪冲毁，部队需要边修栈道边行军，更加举步维艰。

傥骆道虽然险要，但道路完好，行军速度较快。夏侯霸率先头部队先到兴势山（今陕西勉县境内），遭遇蜀军，战斗不利，被围困在狭小的山坳之中，等后方援军赶到，才得以突出重围。

蜀国大将魏延在西路防守，拦截从凉州进发的郭淮大军，郭淮不是对手，被迫撤兵。

司马懿从上庸和西城起兵，分水陆两路西进。陆路也颇受艰辛，西城到南郑全是山路，夏天草木深茂，荆棘丛生，道路湮没，需要边开道边前行。加之要躲避蜀军阻截，部队尽量另辟蹊径，迂回而进，难免耽搁时日。水路却十分顺利，汉水正值水量充沛，军队溯汉水而上，船只行进较快，进展较为顺利。

蜀国方面，诸葛亮亲自坐镇汉中，正面抵御曹真。对于东线，蜀国防御力量薄弱，眼见司马懿已经进入汉中腹地，急忙调还驻守巴郡的两万蜀军北上，增援汉中，对付司马懿。司马懿担心孤军深入，难以御敌，大军行进到新丰县（今陕西石泉县）时，下令原地待命，等候曹真主力，会师作战。

大雨连续下了三十多日，丝毫没有停止的迹象。这一场大雨让曹真主力受阻，一个多月子午道还没有走一半路程。后方大臣反对意见更加猛烈。华歆这样的老臣也坐不住了，向曹叡建议撤兵。华歆说："频繁兴兵动武，劳动民力，势必消耗农桑。治理国家要以民为本，而民又以食为天，当务之急，是发展经济，让老百姓丰衣足食，他们才愿意为国效力。老百姓富足了，等吴、蜀国内政局有变，再去攻打不迟。"

主力部队中途受阻，协同作战难以为继，无奈，曹叡下诏撤兵还师。

本是信心满满的一场大战，被一场雨浇得半途而废，不了了之。

历史给曹真开了一个玩笑，让他灭掉蜀国的梦想化为泡影。

这场没有开打的战争几乎积聚了两国最优秀的战将，本应是魏蜀两国生死之战。魏军兵力上占优，蜀军扼守咽喉，两军各有优势。诸葛亮、曹真、司马懿，都是不世出的战神，如果他们在这场战争中短兵相接，各逞其能，战斗结局不可预料，胜负将取决于两国战将协同能力和指挥者随机应变、见招拆招的智慧。但可以肯定的是，这场战争一定热闹非凡、精彩纷呈，刀光剑影之中，英雄注定会光芒四射，在历史的天空中熠熠闪烁。

可惜一场雨浇凉了所有人的激情。

大雨中，曹真染上了疾病。去时激情澎湃，返时灰心丧气。由于心气不顺，到洛阳后，竟然一病不起，次年在满腹遗恨中离开人世。

曹真和曹休是曹氏家族的双子星座，也是曹家最后的光芒。此后，曹氏再也没有出现英雄睿智的杰出人物，这样一个大家族，无可奈何地走向衰落，直接导致了大权旁落。

曹真和曹休之后，司马懿一枝独秀。魏国王朝的最终结局在公元228—230年间，已初显端倪。

第五章

巅峰对决：忍辱戒急

对手和战友都是考验

对于这一次没有接触的战争，诸葛亮同样充满了遗憾。

诸葛亮三次北伐，除了攻取武都、阴平两个郡，没有太大的收获，几乎都是劳民伤财。诸葛亮一直在寻找机会，同魏国决一雌雄，完成重振大汉的伟业。现在敌人送上门来，刚好以守为攻，把敌人消灭在汉中平原，谁知一场大雨把所有的可能冲刷得干干净净。

这也许是诸葛亮一生唯一的机会。

诸葛亮如此执着，源自他和刘备的君臣情深。

诸葛亮，字孔明，公元 181 年出生于徐州琅琊，比司马懿小两岁。诸葛氏是琅琊望族，诸葛亮祖上曾做过西汉的司隶校尉，父亲诸葛珪因为去世得早，官位只做到郡丞。诸葛亮少孤，和弟弟诸葛均一起随叔父诸葛玄投奔荆州刘表，隐居南阳的卧龙岗，读书耕田，结交当地士人。他常以才能自许，把自己比作古代的管仲、乐毅，朋友们则称其为“卧龙”。

管仲是春秋时代齐国名相，有出众的治国才能，辅佐齐桓公首开霸业，被称为千古名相。乐毅是战国后期杰出的将领，统率燕国军队攻打齐国，连下七十城，差一点致使强大的齐国灭亡。

管仲、乐毅，一个是政治家，一个是军事家，一个精于治国理政，一个善于统兵作战。诸葛亮认为，自己就是这样的复合型人才。后来的实践证明，诸葛亮在这两方面，丝毫不比两位古人逊色。

赤壁战争前，刘备失去地盘，投靠刘表，寄居在南阳新野。他日日夜夜都想东山再起，无奈找不到出路，迫切需要高人指点，谋僚辅佐。

刘备是汉室宗亲，打着兴复汉室的口号，赢得了不少人拥戴，但他的最大短板，是人才匮乏。武将尚有关羽、张飞，文臣几乎没有能叫得上名号的，自保尚且不足，更遑论兴复汉室。他对人才的渴望可谓朝思暮盼，寝食难安。

荆州名士司马徽、徐庶等对刘表安于现状、不思进取不满，于是向刘备推荐了诸葛亮。刘备希望二人引荐，二人对刘备说："诸葛亮这样的大才，只能前去相请，不能让他屈就。"

刘备亲自到卧龙岗拜访诸葛亮，去了多次才见到。诸葛亮有感于刘备的诚意，答应出山辅佐，并在自己住的草庐里为刘备分析天下形势，建议刘备和孙权结盟，共同对抗曹操，伺机夺取荆州和益州，形成三足鼎立之势。一旦天下有变，派一上将由荆州北伐，而刘备亲率大军由益州攻取关中，这样可以直取中原，匡扶汉室。后人把诸葛亮的战略构想称为"草庐对策"，也有人称之为"隆中对策"，但诸葛亮当时的居住地是不是隆中，史学界却有不小的争议。

刘备非常赞赏诸葛亮，对身边人说：我得到孔明，就像鱼得到了水。诸葛亮也感谢刘备知遇之恩，誓死效忠刘备。

此后，诸葛亮协助刘备建立了孙刘联盟，占据荆州，夺取益州、汉中，刘备称帝后，任命诸葛亮为丞相。

世事无常，由于东吴背弃孙刘联盟，关羽丢了荆州，刘备为关羽报仇，在夷陵之战中惨败于东吴，一气之下，撒手人寰。刘备的儿子，蜀国继任皇帝刘禅，才能平庸，无法担当大任，蜀国全靠诸葛亮独木支撑。

有感于斯，为报刘备之恩，诸葛亮唯愿在有生之年完成刘备未竟之事业，率军北伐，统一天下，恢复汉室大一统的格局。

三国之中，蜀国人口最少，大约九十四万人，而魏国有四百四十万人，即使吴国也有二百三十万人。人口不仅是生产力，更是战斗力，三国孰强孰弱，自见分晓。

诸葛亮以弱伐强，也是无奈之举，因为时不我待，他若去世，按刘禅的资质，蜀国不仅无北伐中原的希望，甚至朝夕难保。

公元228年之后，只要到收获季节，有一定的粮食储备，诸葛亮就要对魏国用兵，希望能够凭自己希世之才，弥补弱国不足，取得对魏国的主动权。

公元231年，在曹真伐蜀无功而返的次年，诸葛亮携带着自己的新发明——“木牛”，再次主动出击，率领大军第四次北伐魏国。

“木牛”是一种适合在狭窄山道上使用的运输工具，形状似牛，腹中空空，用于装载粮食。在人的操控下，以轮子做成的四肢能够移动。“木牛”的运用，节省了人力，还加快了运输速度。诸葛亮希望通过“木牛”，解决一直制约北伐行动的粮食供给问题。

这次北伐春二月动身，方向依然是通过祁山进攻凉州。

诸葛亮成了魏国头号麻烦，但曹真死了，西北群龙无首。此时，论军阶，大将军司马懿职务最高，又是辅政大臣，所以，曹叡将司马懿从荆、豫调到西北，督军雍州、凉州，目的任务很明确：防御诸葛亮！自此，司马懿和诸葛亮两大军事天才的巅峰对决拉开帷幕！

曹叡对这个决定颇为无奈。曹氏战将日益凋零，新生代可用之将不多，审视整个魏国，找不出比司马懿更适合担当如此重任的人选。

曹丕的“四友”之一吴质在曹叡面前称赞司马懿：“仲达忠智，乃社稷之臣。”社稷之臣指的是关键时刻能够挽救社稷于危亡的大臣，是对大臣的最高评价。同时，他贬低陈群说：“长文从容之士，非相国之才，处重任而不亲事。”从容在这里是悠闲舒缓的意思，指陈群处事不够果断，执行力不够强。曹叡感到吴质对司马懿的评价过于溢美，问尚书令陈矫："司马公忠心稳健，可以称作社稷之臣吗？"陈矫说："我不知道司马公是不是社稷之臣，只知道他是朝廷的希望。"等于认可了"社稷之臣"的看法。如今处于蜀汉强大的军事压力之下，也只有让这位"社稷之臣"显示自己的才干了。

临行前，曹叡对司马懿说："西边有事，只有托付给你了！"他说的确是肺腑之言。

仅仅四年时间，曹休、曹真先后亡故，司马懿从任骠骑将军、督军豫荆，到现在任大将军、督军雍凉，成为魏国军界第一人。这里面既有能力，又有运气，也与他的世族身份、家族威望分不开。

雍凉的大将有车骑将军张郃、后将军费曜、征蜀护军戴凌、雍州刺史郭淮等。其中最有资历的无疑是车骑将军张郃。

张郃，河间鄚（今河北任丘）人。张郃出身低下，黄巾起义时应募入伍，从士兵做起，因作战勇敢，逐渐被提拔，后归顺袁绍，任校尉、中郎将。官渡之战中，投降曹操，在征乌桓、破马超、降张鲁、守汉中都屡建功勋，与张辽、乐进、于禁、徐晃并称为"五子良将"。

曹操部下将军很多，如曹仁、曹洪、夏侯惇、夏侯渊，单单把"五子良将"提出来，是因为他们是曹姓和夏侯氏之外最优秀的，同时他们的出身都不高，尽管战功卓著，却都未能进入曹魏集团的核心阶层。张辽为前将军，于禁为左将军，乐进、徐晃同为右将军，他们的品级仅仅高于杂号将军，低于朝廷中的"九卿"。

张郃原来也是左将军，只不过活得时间长，曹丕登基后一直驻守关中，因破街亭有功，被晋封为车骑将军，品级在"九卿"之上、"三公"之下，与司马懿的大将军中间还隔着个骠骑将军的品阶。

张郃南征北战，戎马一生，善于谋兵，刘备、诸葛亮都忌惮三分。论功绩，应该在司马懿之上，论资历，比司马懿出道早得多，只因出身低下，没有世族背景，武将本身地位又低，所以进阶缓慢，只能屈居司马懿之下。

对于司马懿来说，接手西北，接手一个全新的战局，对内要指挥和使用好张郃这样的老将，对外要战胜诸葛亮这样强劲的对手，无疑是一场严峻的考验。

战，还是不战

司马懿第一次随军，是跟着曹操从关中攻打汉中，征讨张鲁。当时正值春夏之交，秦岭树木繁茂，满目苍翠。山中珍禽异兽物种繁多，虽道路险峻，但生机盎然，给司马懿留下了深刻的印象。如今，重返秦岭，司马懿却没有闲情逸致回味秦岭秀色。成为帝国第一战将，他固然欣喜，对阵天下第一智慧之人，他又感到压力倍增。

击退诸葛瑾，闪电擒孟达，都是小规模的局部战争，这一次，是对战争素质的全面考验。

他必须战胜诸葛亮，在军中立威，在政治上得分。

他预定的战略简单而实用：敛兵依险，坚守不战，等蜀军粮食用尽，自然退兵。

这一场战役的实际进展，大致经历了四个阶段。

第一个阶段：阻击。

诸葛亮率大军把驻防祁山的魏国军队团团包围起来。司马懿急忙指示费曜、戴凌率四千兵众坚守上邽（今甘肃天水），阻挡诸葛亮继续北上，自己和张郃亲自率主力出长安到祁山解围。

这时候，张郃和司马懿战略战术上的冲突显现了出来。

张郃建议，主力部队再次分兵，一部分驻守雍（今陕西凤翔县）、郿（今陕西眉县），进一步巩固后方，防止诸葛亮突破祁山后进入关中。司马懿不同意，说："如果敌人力量薄弱，前去救援的军队足以战胜他们，你这种建议是对的。如果敌人很强大，把兵力分散开来，有被各个击破的危险。"

张郃和司马懿哪个主张更合理一些呢？

很多时候，战略部署不能简单地说是对还是错，关键是谁在运用，针对对象是谁。张郃和司马懿的主张，反映了各自的性格和用兵特点。张郃更主动、更愿意冒险，而司马懿则力求稳健。其实，在早先急攻孟达，后来远袭辽东等战役中，司马懿积极寻求战机，所用策略往往出人意料，可谓出奇制胜。为什么在对阵诸葛亮时如此小心谨慎？兵法云，知彼知己，方能百战不殆。诸葛亮心思缜密，用兵几乎滴水不漏，所以司马懿只有步步为营，才能避免被抓住破绽，置身危险之中。

战无定法，因人而异，正是用兵的臻境。

从这个意义上说，司马懿确实比张郃棋高一着。

司马懿坚持不懈地贯彻"敛兵依险，坚守不战"的战略，在与诸葛亮对阵的整个过程中，始终没有动摇过。

这符合他的性格，隐忍、执着。

司马懿率全军增援祁山，诸葛亮闻讯后，派王平继续围攻祁山，自己则带着主力部队北上，迎战司马懿。

诸葛亮到达上邽，司马懿主力还未赶到。诸葛亮趁机击败费曜、戴凌，使魏军龟缩于城中不敢出来。

上邽位于渭水南岸，土层深厚，山塬开阔，粮产丰饶。当时已是初夏，上邽的小麦开始泛黄。这对于视粮食为生命的蜀军无疑是一针强心剂。诸葛亮下令部队赶在司马懿到来之前抢收麦子，补充军需。

听到这个消息，司马懿快马加鞭，轻装前进，用了两天时间赶到上邽，在上邽东三十里安营扎寨。

至此，战役进入第二阶段：干扰。

虽然历史没有记载这一次对战双方的兵力情况，但魏军多于蜀军应该属于常理，毕竟蜀国人口只有九十多万，把青壮年都送上战场，兵力也不过十余万人，而魏国人口是蜀国的四五倍，对付蜀国的军队也不会少于十万。

尽管数量占优，但司马懿坚持以防御为主，给蜀军以威慑，而不主动出战。

急于求战的是诸葛亮，毕竟远道而来，粮食有限，不利于打持久战。诸葛亮派兵主动挑衅，司马懿置若罔闻，坚壁清野。等到蜀军放下枪剑，拿起镰刀，企图重新抢收小麦时，司马懿就派兵骚扰，蜀军拿起武器，魏军又龟缩于营中。如此这般，蜀军求战不能，又无法安心收割小麦，莫衷一是。

后世的游击战不知道有没有受到司马懿作战策略的影响。

接着战役进入第三个阶段：激战。

蜀军耗不起，只好后撤。祁山的魏军营寨还没有攻破，蜀军只好另找道路，从祁山东方向撤退。

见蜀军后撤，魏军在后面不紧不慢地尾随，总是像影子一样给蜀军以威胁，却不主动出击。

尾随到卤城（今甘肃礼县东北），张郃终于忍不住了。作为职业军人，张郃希望痛痛快快地打一仗，这样不阴不阳不死不活地耗着，实在让人憋屈。从军四十多年，张郃从来没有见过这样用兵打仗的。他与司马懿，战争思维严重地不在一个频道上。

张郃首先给司马懿戴顶高帽：“蜀军远道而来，督军不与他们交锋，选择避而不战，以挫其锐气，把他们拖垮，这种策略很高。”接着，他向司马懿建议：“蜀军现在已经窥察到督军的意图，以为我们不会主动出击，从而麻痹大意。这时，如果把大军驻扎在这里继续迷惑敌人，然后派一支奇兵，包抄到蜀军背后，来个前后夹击，蜀军一定溃不成军。”为了促成司马懿支持他的建议，张郃激将道：“现在，后方有人议论将军胆小如鼠，视诸葛亮如虎，我们应该打一次胜仗消除他们的疑虑，运气好的话，还有可能把蜀军全部剿灭在我国境内。”

张郃的建议很有诱惑性，但不符合司马懿最初制定的“敛兵依险，坚守不战”指导思想，所以还是被司马懿否决了。

张郃知道司马懿心机深厚，内敛阴鸷，提的建议都是经过深思熟虑，认为有价值，并且切实可行的。不想几次建议全部被否决，心里不是滋味，难免在下面发一些怨言，这样，军中渐有对司马懿不满的情绪。

司马懿感觉到应该平复一下将领们的情绪。他派张郃率兵去解祁山之围，刷一下老将的存在感。

张郃的出击让营中的将领跃跃欲试。将军贾栩、魏平来到司马懿的大帐前吵吵闹闹，主动请战，甚至指责司马懿：“你畏蜀如虎，就不怕被人笑话吗?”

按司马懿的性格，并不在意被人背后议论。但是将领们不服统帅，是影响军心的大问题，不可等闲视之。权衡轻重，司马懿决定对蜀开战。

五月的一天，蜀将魏延前来骂阵，司马懿亲披铠甲，左右将领护卫，前、中、后三军整齐有序，出寨迎战。

这是一场野战，拼的是实力和勇猛。魏军在数量上占优，将士们又憋着一股劲儿，这让司马懿相信，这一仗或许可胜。

一时间，战鼓雷动，厮杀震天，继而血肉横飞。魏延是三国后期鲜有匹敌的战将，武功高强，作战勇猛，指挥得当，尽管对方是魏国军事最高统帅，也丝毫不怯阵、不慌乱。诸葛亮训练出来的士兵，个个不惧生死，勇往直前。战斗持续了两个时辰，魏军没有占多大便宜。但好在人多势众，这样熬下去，总会打得蜀军筋疲力尽。

正在司马懿对这一战抱有很大希望的时候，蜀军阵营后方一辆战车缓缓驶来，左右簇拥着一面大旗，上书斗大的“汉”字。战车上端坐的，正是蜀相诸葛亮。这是司马懿和诸葛亮第一次见面，而二人中间，两国将士厮杀正酣。

司马懿有些纳闷儿，诸葛亮为什么这个时候现身？难道是为了鼓舞士气？未等司马懿深想，正在厮杀的队伍两侧，伴随着滚滚尘烟，分别杀过一支部队，上面旗帜上依然是个“汉”字。

诸葛亮身后的指挥旗左右挥动，蜀军阵形陡变，前军变后军，后军以逸待劳冲向前面，两侧却有源源不断的士兵杀将过来，组成一个巨大的圆，士兵在圆中穿插变换，令魏军目不暇接，左右不能相顾。

原来这就是诸葛亮自己精心设计的“八阵图”。他先让魏延引诱魏军出营作战，然后用“八阵图”将魏军围在中间，魏军尽管人多，在“八阵图”里却晕头转向，找不到进攻目标，只有被动挨打的份儿。

见势不妙，司马懿急忙鸣金收兵。

回到营寨，清点下来，魏军死伤三千余人，还被蜀军缴获一些武器军械。

野战不是诸葛亮的对手，司马懿再次提醒自己。

张郃那边，进展也不理想。围攻祁山的是蜀军战将王平。王平，字子均，从小在军旅长大，斗大的字认识不超过十个，是文盲将军，但行军打仗却有卓越见识，几乎找不到太多短板，是完美将军。诸葛亮把蜀国最精锐的部队让王平带领，号称“无当飞军”，表示无人能挡。王平对阵魏国五子良将，死守营寨，打退张郃多次进攻，张郃久攻不下，筋疲力尽，只好退兵。

谁杀死了张郃

这一次战败，是坏事，也是好事，魏军并没有因此伤筋动骨，战将们也不再吵吵嚷嚷要求主动出击。

司马懿坚守不战，两军在卤城干耗，由拼军力变成拼保障，拼智谋变成拼粮草，战役进入第四阶段：相持。

令司马懿猝不及防的是，曹真生病期间，关西军缺乏协调，陇西粮食储备不足，蜀军抢收了上邽麦子，魏军的粮草反而首先出现危机。如果从关中运粮，路途遥远，费时费事，魏军有断炊的危险。

在本国境内作战，后勤补给输给对方，真是难以容忍。司马懿一面安排收割上邽剩余的麦子，除了老百姓的口粮，其他全部供应军需；另一方面，安排凉州刺史郭淮想办法补充粮草。

郭淮任凉州刺史十余年，对陇西地理人情都非常熟悉，他知道哪里有粮，哪里能借到粮。他派人给羌族首领带信，恩威并施，从羌人那里运来不少粮食，足够魏军支撑数月。

反观蜀军。尽管使用了“木牛”运送粮草，无奈进入夏季，汉中和秦岭都阴雨绵绵，粮食筹集不上来，即使筹集一些粮食，道路泞滑，“木牛”无法行走。一个月后，蜀军粮食告急，诸葛亮只好退兵。

看来这场战役就此尘埃落定，没有人会想到，尾声才是最震撼的部分。

战役的第五阶段：追击。

蜀军的撤退路线是：围困祁山的王平到卤城与主力会合，然后全军向南经木门道撤退到武都郡治下辨城（今甘肃成县），这里就是蜀国境内了。

望着连绵不断的阴雨，司马懿突发奇想，派张郃追击蜀军。张郃对这个决定感到意外，督军一直避免与蜀军正面冲突，为何在战争就要结束时改变了风格？

他再次向司马懿建议：按照兵法，围困敌人，要让出一条道路，这样敌人才不会负隅顽抗。主动撤退的军队，必然准备充分，不能够追击。

张郃说得颇有道理，但司马懿固执己见，并且用威胁的口气说："你难道要抗命吗？"

张郃是车骑将军、假节，司马懿是大将军、假黄钺。无论是职务，还是皇帝赋予的权力，都高高在上。特别是假黄钺，有战场上斩杀假节的权力。官大一级压死人，司马懿的命令，张郃不能不听，明知道此去凶多吉少，也只好慷慨赴死。

张郃带领自己本部一万人马，冒着冰冷的雨，孤独地走在人生的终途上。一生戎马倥偬，最畏惧的不是流血牺牲，而是无话可说、无处发泄的委屈。

木门道是卤城通往下辨的一条蜿蜒崎岖的河谷，中间道路狭窄，两侧山势陡峭，丛林茂密，是设伏兵的好地方，《孙子兵法》云："凡地有绝涧、天井、天牢、天罗、天陷、天隙，必亟去之，勿近也……军旁有险阻、潢井、葭苇、林木、翳荟者，必谨覆索之，此伏奸之所处也。"意思是，绝涧、天井、天牢、天罗、天陷、天隙都很危险，险阻、潢井、葭苇、林木、翳荟，便于埋伏，这些地方都不能靠近。木门道是典型的天隙，两边又有险阻、林木、翳荟，进入此地，乃兵家大忌。

不出所料，诸葛亮早已安排士兵埋伏在此，以防止魏军追击。

张郃熟读兵法，追击进入木门道，感到此地危矣，我命休矣！张郃大叫一声，拨马回头，但是已晚，蜀军居高临下，乱箭如雨般从空中飞来。魏军如无头苍蝇，乱作一团，张郃不幸大腿中箭，突围后不久不治身亡。

司马懿为什么非要逼着张郃追击诸葛亮？后人臆断是有意加害，目的是杀鸡儆猴，树立军威。

这种看法不能说没有道理，因为司马懿主持关中军事后，张郃与之观点相左，多次发生争吵，为了牢固控制军权，借刀杀人也未可知。

只是没有事实依据，不能妄下结论。

从积极方面考虑，也许真的只是一个失误。

张郃不是司马懿的政敌，司马懿虽然阴鸷，但心胸也不至于如此狭窄，否则难以成就大事。况且，以张郃的名声、威望和影响，司马懿纵然有意暗算他，也会谨慎考虑魏国皇帝和群臣的反应。假黄钺有生杀大权，但绝不是让滥用权利，打击报复。

司马懿对卤城之败耿耿于怀，在蜀军撤退、大局已定的情况下，希望能寻找机会有所收获，扳回点面子，不想张郃竟一去不回。

无论是有意加害，还是判断失误，张郃英魂，就此一去不返。

张郃之死不能不说是魏国的一个损失。得到消息，魏明帝曹叡叹道："蜀未平，而郃死，将若之何！"悲伤之情溢于言表。

第一次和诸葛亮正面交锋，司马懿经历了卤城之败，还折损了大将张郃，付出了不小代价，但却赢得了整个战役的胜利。衡量一场战役成败，不能看伤亡数字，关键要看最终是不是实现了预定的战略意图。诸葛亮费尽心机，既没有消灭魏军主力，又没有占领魏国方寸土地，也没有开辟出陇西或汉中根据地，更遑论兴复汉室。而司马懿逼退诸葛亮，实现了战前目标，完成了魏明帝曹叡交给的任务。

魏军是这场战役的胜利者，曹叡清晰地意识到这一点，尽管有些失落，还是派使者到前线慰问将士，为司马懿增加封地。

随着老一辈将领的逝去，魏蜀吴三国都面临着人才凋敝的尴尬局面。像张郃已经六十多岁，是老一辈中硕果仅存的战将，而司马懿作为年轻一代的佼佼者，在魏国无人能够取代，这也是曹叡不愿追究司马懿责任的重要原因。

下一仗还要靠司马懿去打。

磨刀霍霍，针锋相对

诸葛亮几乎每年北伐一次，魏国抗蜀的神经从来没有松弛过。蜀军刚从卤城撤走，魏国将领们又要为新一轮战役做防御准备。

有两个问题比较关键，一是蜀军什么时候来，二是从哪里来。只有搞清楚了这两个问题，才能有针对性地进行部署。

大多数人担心下一年即公元232年麦子熟时诸葛亮会进行第五次北伐，可司马懿不这样认为。他说："蜀军四次进攻，都是因为粮食不足无功而返，诸葛亮一定会吸取教训，囤积够足量的粮食，然后再用兵，估计要等到三年之后了。"

对于进攻方向，诸葛亮一生谨慎，大多数将领的看法是，依然会走道路比较平坦的祁山，建议把防御重点放在上邽一线。司马懿也不同意，他说："诸葛亮两次出祁山，一次围陈仓，都粮尽而回，原因是攻城不利。诸葛亮所擅长的，是野战。下一次，诸葛亮一定会想办法进行野战，所以进攻的方向应该是陇东。"

陇东就是关中，进攻路线包括子午线、褒斜线、傥骆线。

有了进攻方向和进攻时间的基本判断，接下来就是如何应对。司马懿早已有了防御之策，经过上邽和卤城战役，司马懿知道野战难以战胜诸葛亮，更加坚定了“敛兵依险，坚守不战”的策略，和诸葛亮进行消耗战。

消耗战的关键是后勤保障，于是司马懿要在关中大量发展生产，囤积粮食。

关中平原沃野千里，是当时全国重要的粮食产区，要进一步增加粮食产量，关键是改善水利条件，增加灌溉面积。

西汉时期，引渭水向东北修建了成国渠，用于耕地灌溉。司马懿在此基础上，对成国渠进行了扩建，把它向西延伸到陈仓，然后重新流入渭水，使成国渠覆盖了关中西部。

在长安以东，他修建了晋陂水利工程，关中东部也不再是单一的靠天收。

这样，整个关中地区耕地都能得到灌溉，粮食单产得到极大提高。

粮食增产的第二个措施是改进耕作技术。司马懿的家乡河内郡，位于河东、河内、河间中心地带，黄河、济河、沁河形成冲积平原，粮食稳产高产，当年秦国和赵国在河内北部太行山上相持两年多，最终依靠河内的粮食供给，拖垮赵国，迫使赵国主动求战，才有长平之战的一决胜负。司马懿自小生活在粮仓，深谙生产技术的重要性，他从河内请来善于耕作的农民，移居关中，指导粮食生产。

这个时候，司马懿的三弟司马孚在朝中任度支尚书，专管国家和军队的财政收支。司马孚为兄长抗蜀提供了物资保障，特别是他重视关中的粮食生产，亲自到上邽开辟军屯，使关中的粮食基本上能够供给当地的军队，减少了粮食调度给战争带来的消极影响。

在蜀魏战争中，双方不断升级战斗武器，如诸葛亮攻打陈仓，蜀军用云梯攻城，陈仓守将郝昭用带火的箭将云梯烧毁。蜀军用撞车撞击城门，魏军用石磨砸坏撞车。蜀军又制造百尺高架，也被魏军所破。双方不仅是兵力的较量，也是武器的较量，像带火的箭，在历史上还是第一次使用。

所以，即使进行消耗战，也不能忽视武器的生产和更新。

司马懿在关中设立多家冶炼厂，大炼钢铁，用于打造利剑锋刃，还派专人督导、监督，在三年内对落后、陈旧、损毁的武器进行了全面更新。

这三年，关中粮食大丰产，军队士气高涨，武器升级换代，司马懿进一步增加了战胜诸葛亮的信心。

蜀国那边也没有闲着，和司马懿做着几乎一样的事情。

巴蜀号称“天府之国”，也是粮食生产的好地方。诸葛亮向魏国学习，实行军屯制度，让士兵在农忙时拿起锄头，进行耕作，同时打击商贾，鼓励农民精心耕作土地，增加粮食产量。他又在“木牛”的基础上，对粮食运输工具进一步改进，发明了“流马”。“流马”与“木牛”的原理基本相同，比“木牛”运输速度更快，效率更高。

武器上，诸葛亮在褒斜道上临近魏国前线的斜谷口建造了兵工厂，请来蜀国的制刀能手蒲元，指导打造兵器。蒲元掌握了精湛的钢刀淬火技术，能选用不同的水打造不同硬度的钢刀。为了让刀更加锋利，他派人专门到蜀地的河流里取水。他造的刀，能够劈开装满铁珠的竹筒，被誉为神刀。

蜀国制造的盔甲质量也很高，据说用二十五石的弩也射不进。

魏蜀两国的较量，与其说是比军力，不如说是比生产、比技术。

三年间，蜀国把富裕的粮食囤积在斜谷谷口，称“邸阁”，以方便战时运输。等到邸阁粮满囤谷满仓，解决了最棘手的粮食问题，诸葛亮下定决心，“不破楼兰誓不还”，一定要在有生之年内，把伐魏事业进行到底。

公元234年，魏明帝青龙二年，诸葛亮已经五十四岁，身体一日比一日虚弱，时间不在蜀国一边，他等不起。

五十六岁的司马懿仰视着巍峨秦岭，等待着诸葛亮的到来。他知道，真正的对决现在才开始！

这一年，诸葛亮说服东吴盟军共同伐魏。吴帝孙权深知弱弱相济才能抵御强敌，他亲率十万大军出巢湖，进攻合肥，另外派陆逊、诸葛瑾领兵万余从江夏进攻襄阳。派将军孙韶、张承乘船进入淮水，进攻广陵郡淮阴。

东吴三路大军来势汹汹，魏帝曹叡亲自率军迎敌，关中战役则全权委托于司马懿。

这真是不错的时机，兵精粮足，外援给力，能不能实现刘备兴复汉室的夙愿，在此一举。

春二月，诸葛亮倾全国之力，统领蜀军十万，从褒斜道出秦岭，展开了第五次北伐。

诸葛亮之所以选择褒斜道，就是为了逼迫司马懿进行野战。如果魏军还像过去那样龟缩于城中，蜀军可以掐断关中到陇西的联系，这是魏国不能承受的。

虽然两面受敌，但曹叡知道西线形势的严峻性，在兵力十分紧张的情况下，为司马懿增拨两万人马。这时，司马懿指挥的军队达到二十余万，在兵力上占据优势。

尽管如此，曹叡和司马懿还是达成了战略上的共识。曹叡要求司马懿坚壁据守，以逸待劳，打持久战。这正是司马懿对付诸葛亮的一贯战略主张。

历史的经验反复证明，有一位信任和支持的皇帝，是将军作战取胜的政治保障。司马懿有幸，遇到了这样一位皇帝。

曹叡和司马懿，是最为和谐的君臣之一。

发源于秦岭衙岭山的两条河流，一条向南流入汉水，一条向北流入渭水。两条水流形成的河谷相连，南段叫褒谷，北段叫斜谷，这就是褒斜道。

斜谷谷口位于郿县南，谷口向东，沿渭水南岸而下，是狭长而沟壑密布的荒野，向西，是一块东西走向的狭长高地，叫五丈原。

司马懿对诸将说："如果诸葛亮是位勇者，就应该出斜谷直接向东，直扑长安。如果他向西屯兵五丈原，大家还有什么需要担心的？！"诸葛亮生性谨慎，不会做冒险的事情，司马懿心中有数，他故意这样说，是给将士们鼓劲打气。

果然，诸葛亮选择了五丈原，挖壕挑沟，安营扎寨。

除了不愿东向攀爬沟壑冒险外，五丈原地势高，便于控制周边。诸葛亮知道不可能毕其功于一役，他采取稳扎稳打的战略，在野战中抓住机会消灭敌人。为了便于长期作战，他甚至在五丈原脚下屯田种粮。

演一出双簧戏给自己人看

蜀军战略既明，魏军该如何应对？

诸将认为，应屯兵渭水之北，和蜀军隔河相望，依水凭险，便于防守。司马懿不同意。司马懿对诸将说：“渭水之南有百姓和田地，如果落入蜀军手中，等于给蜀军一座粮仓。”司马懿善于抓住问题的要害，在涉及粮食这个关键环节上决不让步。

于是，魏军迅速渡过渭河，把部队驻扎在距离五丈原十数里的地方，使蜀军不能随意种田收粮。

第一回合，双方用兵布阵，没有一丝差错，打了个平手。

五丈原紧靠渭水，对岸也是一块高地，叫北原。

军事家都有天生的敏感性，双方还未开战，都盯上了北原。

魏将郭淮对司马懿说：“如果蜀军占领了北原，敌人进入渭水之北，我们的后方就会遭受麻烦。即使蜀军不通过北原进军关中，也会隔断与陇西的联系，让陇西处于孤立状态。”

司马懿深以为然，派郭淮亲自带兵布防北原。

诸葛亮出斜谷，目的就是阻断汉中与陇西的联系，所以在五丈原立足才稳，就派部将渡河强占北原。

两军同向竞争，谁快一步，谁就抢得先机。结果，魏军捷足先登，占领了北原。蜀军试图夺取，魏军居高临下，轻松将蜀军击溃，使之只能拘囿于南岸。

北原既定，司马懿再一次审视整个防线，查漏补缺，感到只有五丈原西北的阳遂（今陕西眉县西）是个薄弱环节，他派雍州刺史胡军领兵增援驻扎在那里的将军周至。果然，诸葛亮佯装向西进击，突然调转方向攻击阳遂，由于魏军早有准备，蜀军没有得逞。

第二回合，抢占先机，司马懿略胜一筹。

关中这边蜀军没有占到便宜，东吴那边伐魏也雷声大雨点稀，很快无果而终。攻打合肥的孙权军，遇到瘟疫，还未与曹叡主力直接对战，就主动退回江东。得知主公撤退的消息，孙韶也停止前进，静观其变。整个军事行动，只有陆逊、诸葛瑾打了个小小的胜仗，斩敌千余人，然后也退兵回吴。

东吴退兵的消息传到关中，魏军大为兴奋，在营中举行盛大的庆祝仪式。蜀军见魏军阵营莫名地欢呼，急忙派人打探，魏军欺诈说："东吴孙权投降了魏国。"诸葛亮听到汇报，说："吴军是不会投降的，这种谣言一眼就能识破。司马懿这么大一把年龄了，还使用这样低级的诳诈手段。"

虽说东吴投降是假，但蜀吴两国夹击的计划却化为泡影。从这个意义上说，蜀国的战略计划遭遇重大挫折。

第三回合，盟军不战而退，东西夹击变成孤军作战，蜀军在战略上失去优势。

抛去任何幻想，诸葛亮只有正面死磕司马懿。

蜀军的强项是野战，卤城之战已见分晓。蜀军的弱项是攻城，想当年魏军千余兵力，防守陈仓，致使几万蜀兵束手无策，由是可窥一斑。双方都知己知彼，诸葛亮希望和魏军有一次痛快淋漓的交锋，而司马懿选择坚守不战。

胜负的关键，在于诸葛亮能不能诱使司马懿出营作战。

诸葛亮送来战书，司马懿客客气气地回书，但对战斗避而不谈。诸葛亮派人在魏军营外骂战，魏军置之不理。一来二去，眼看一百多天过去了，两军对垒，双方却相安无事。

着急的是诸葛亮。诸葛亮知道司马懿的如意算盘，他把五丈原当作蜀国后方，一方面屯田种粮，一方面每日操练军队，亲自指挥士兵演练。诸葛亮头戴纶巾，手摇羽扇，坐在车舆之中，一举一动，非常有儒雅之气。司马懿得知后感叹："诸葛亮真名士也！"

司马懿是河内大族，诸葛亮是琅琊世家，二人又都是绝顶智慧之人，有相同的志向和志趣，如果不是各为其主，一定有更多的共同语言，甚至成为好朋友，也未可知。

尽管两军对垒，两人也是惺惺相惜。他们甚至书信往来，谈论人情世故，诉说倾慕之情。

蜀国有位将军黄权，字公衡。刘备为报复关羽被杀，率军伐吴，屯兵夷陵（今湖北宜昌），派黄权领兵驻扎在江北，以防魏国趁机出兵。刘备兵败，东吴军队顺势而下，掐断了黄权归路，无奈，黄权只得投降魏国。

司马懿给诸葛亮写信，说："黄公衡经常和我谈论足下，他对足下很敬佩，对您赞不绝口。"司马懿其实是通过黄权之口，表达自己对诸葛亮的敬佩。

诸葛亮也礼尚往来。他在南阳隐居时有一位朋友叫孟建，字公威，后来到魏国出仕，被任命为凉州刺史。诸葛亮给司马懿写信，请司马懿让杜袭转达对孟建的问候。杜袭，字子绪，年轻时也曾在荆州隐居，当时任司马懿的军师。

这说明诸葛亮和司马懿在两军交战互为敌人的时候，也建立了不算深厚的私人交情。

交情归交情，战斗却绝不能妥协。司马懿迟迟不出战，让诸葛亮一筹莫展。无奈之际，他想出一个荒谬的办法来。

这天，他再次派人到魏营中下战书，同时向司马懿送去一套女人穿的衣服、戴的首饰。诸葛亮的意思很明显，嘲讽司马懿像女人一样软弱。

古代女子地位低下，汉代董仲舒就提出“夫为妻纲”，无论在家庭还是在社会上，女子都处于服从地位。把男人比作女人，是对这个男人的嘲讽、讥笑和羞辱。一般的男人尚且难以忍受，何况如司马懿这样身份尊贵、地位崇高的人！儒家一直教导“士可杀而不可辱”，是可忍孰不可忍！

司马懿头脑是清醒的，但他又无法不发怒。如果他一笑了之，他自己、他的家族将因此颜面扫地，威望不存，受到歧视，成为世人街谈巷议的笑柄。

诸葛亮这一招果然厉害，即使司马懿不上当，也将陷入进退两难的境地。但司马懿何等精明，在看蜀军战书的短暂时间里，已经想好了对策。他佯装怒发冲冠、忍无可忍，要左右取出纸笔，修书一封，送往洛阳，向皇帝请命，请求一战。

俗话说：“将在外，君命有所不受。”战争正在进行中，战与不战，什么时间战，怎样战，这些具体战术问题，决定权自然在前线最高统帅，这是常识，何须向千里之外的朝廷请示？！司马懿这样做，无非是在演一场戏，既表达了自己的愤怒，维护了自己的尊严，又达到了不战的目的。

高手一出手，便知有没有，诸葛亮看懂了这出戏，曹叡也看懂了这出戏。

曹叡派卫尉辛毗来到军中任军师，使持节，传达皇帝命令，严令不准出战，诸将有敢违令出战者，按抗旨论罪。

辛毗，字佐治，最是刚正忠直，不讲情面。魏文帝曹丕在位时，辛毗任侍中。曹丕想从冀州移民到洛阳，受到大臣反对。曹丕一意孤行，辛毗据理力争，曹丕生气地说：“朕不想跟你讨论这事。”辛毗则不依不饶，说：“陛下既然让臣跟随左右，不管是朝堂上争论的话题，还是密室里谋划的事情，臣都应该切问应对，拾遗补阙。”曹丕一怒之下，不再搭理他，站起身就走。辛毗竟死死拉住曹丕衣襟，不让他走。还有一次，曹丕打猎时兴奋地说:“打猎真好。”辛毗直接表达不满:“陛下高兴了，臣下却跟着受苦。”

魏明帝曹叡继位后，升辛毗为九卿之一的卫尉，但他的脾气秉性却一点也没有变。这样一位骨鲠之臣，对诸将的威慑力可想而知。

此后，蜀军前来骂阵，司马懿装作无法忍受，要求出战。辛毗手持皇帝符节，立在军营门口，制止他走出营门。将士见他态度如此坚决，不敢违逆，再没有人轻易言战。

司马懿和辛毗的双簧戏传到蜀营，自然瞒不过诸葛亮。他对诸将说:“司马懿真是演戏的高手。将在外，君命有所不受。他明明可以自己做决定，偏偏要辛毗来做挡箭牌，这是为了显示自己的勇敢，平息将领们的不满情绪。”

第四回合，魏军坚守不出，诸葛亮无计可施，司马懿再得一分。

劫材不够了

诸葛亮是刘备的托孤大臣，感激于刘备的知遇之恩，以益州一州之力，搏曹魏万乘之国，其艰辛可想而知。他殚精竭虑，事必躬亲，政事无巨细，都要一一做出决策。正如他先后两次向后主刘禅上《出师表》中所写："受命以来，夙夜忧叹，恐托付不效，以伤先帝之明。""寝不安席，食不甘味。"

大凡过于操劳者，必早衰，诸葛亮也是这样。

蜀国使者到魏营下战书，司马懿关心起诸葛亮的身体，问使者，使者不知他的用意，老老实实地回答："丞相做事认真，非常辛苦，责罚二十板子的事都要亲自过问。现在他的胃口不太好，一天只能吃三四升的饭。"汉代和三国时容量单位比较小，一升只有现在的五分之一。三四升饭，普通饭碗只有一碗多。

人是铁饭是钢，这么小的饭量，说明身体已经累垮。司马懿知道，这场战役很快就会结束，因为诸葛亮大限将至。

八月，在诸葛亮第五次北伐出师六个月后，积劳成疾，终于病倒。诸葛亮的病既是劳累所致，平日就有些征兆，出师前就知道不久于人世，所以这次北伐原本没有打算活着回去。

后主刘禅听到消息，派尚书仆射李福前来问候病情。说是问候，其实是听取遗嘱。诸葛亮和李福密谈很久，对治国理政的大事做一交代，李福才离去。走到半路，李福又折了回来。诸葛亮说："我知道你为什么回来，是想问谁能接替我。"诸葛亮又把身后的人事安排进行了交代。

不久，诸葛亮病逝于五丈原，终年五十四岁。

那一刻，诸葛亮一定很孤独。他看着身边姜维等下一代将领，想起年轻时荆州的好友，那些志存高远指点江山的伙伴，后来各为其主，飘零四海，天各一方。

年轻真好。

他仿佛看到了那个村庄，南阳卧龙岗的村庄，绿树成荫，鸟语花香，午后的阳光懒懒地晒在身上，刘备叩门而入，对着自己深深一揖："孔明帮我！"从此他开始了夙夜兴叹、并餐而食、忙碌奔波的日子。不过，他愿意。

是理想撑起他后半辈子的人生。

去世时，他的脸上挂着微笑，眼角滑过泪水。不知是满足，还是伤悲。

第五次北伐，粮食充足，无奈生命透支了。

围棋上有一术语，叫"劫材"。黑白两方下棋，在一处必争之地，互不相让，如果双方轮番吃掉对方的子，会形成无限循环的局面，这样没完没了，将下不出输赢结果。因此，规则要求必须在别处先下一着，待对方应过后再回吃争执的子。在别处下的棋，叫作劫材。如果对方不应，说明这个"劫材"无效，或者说"劫材"不够了，棋就要输。

生命，就是诸葛亮的劫材。

去世前，诸葛亮对眼前的战争做了最后安排。主帅已亡，必须撤兵，但绝不能自乱阵脚。

丞相长史杨仪、司马费祎、护军姜维根据诸葛亮遗嘱，秘不发丧，拔营撤军。司马懿既然知道诸葛亮命不长久，一直加强对蜀营的监视，很快发现了蜀军的异动，但不能确定是不是诸葛亮已不在人世。他试着进行追击，但见蜀军整齐有序，没有丝毫的慌乱，又担心是诸葛亮的诱兵之计，想起“坚守不战”的策略，最后放弃了追击的计划。

等到蜀军全部撤完，五丈原的军营已是空空如也，司马懿才敢鼓起勇气进入蜀军军营。他仔细观察蜀军的营垒，与传统行军驻营却又不同，井然有序，章法森严，攻守兼备，遂自叹弗如，感叹说：“诸葛孔明真天下奇才也！”

军营中还残留着各种文书、地图、行军计划，甚至粮食、武器。看到这些，司马懿意识到诸葛亮确实已经去世。他对身边的将领说：“蜀军把这么重要的东西都遗弃了，只有出了天大的事才会这样。”

他急忙命令部队追赶。

蜀军撤退时，在道路上撒下许多铁蒺藜，防止魏军追击。蒺藜是一种带刺的草本植物，铁蒺藜仿照蒺藜的形状，制成铁刺，放在路上，能够刺伤人和马。

司马懿让先头部队穿上软底的木屐，踩在铁蒺藜上，不但不受伤，还使铁蒺藜钻到鞋底中，把道路清除干净。然后骑兵步兵并进，快速追赶蜀军。

尽管如此，还是慢了一步，蜀军已安全退到汉中。魏军不敢继续深入，失去了歼灭蜀军的机会。

司马懿小心谨慎，贻误战机，被世人讥笑“死诸葛吓走活司马”。司马懿也不懊恼，淡淡一笑：“我能料生，不能料死。”司马懿的意思是说，我能够战胜活的诸葛亮，至于生死之事，我哪能算得到呢。

虽然在战术上屡屡被动，但在策略上，司马懿坚持固守阵营，决不出战，取得了极大的成功，完全达到了战略目的。

从这个意义上说，司马懿是胜利者，笑到了最后。

人算不如天算，没有人能够算得过生老病死。

诸葛亮和司马懿是三国时足智多谋的军事天才，两人都是对方平生最大的对手，他们的交手可谓巅峰对决。这种对决，少了些策马扬鞭的快意，少了些刀光剑影的淋漓，少了些血肉飞扬的惨烈，貌似平淡、无聊。然而，这种对决，却像高手比武，一招一式都是内力的张扬，甚至不需要招式，于无形之中听得见惊涛拍岸、电闪雷鸣的洪荒裂变。

正是因为有诸葛亮这样高超的对手，才显现出司马懿的聪达大略。

司马懿在战术上略逊一筹，但能抓住蜀军弱点，采取正确的应对之策，更重要的是，他认准目标后，不在乎旁人的议论，不惧怕别人的讥笑，忍常人所不能忍，最终实现了战前制定的战略意图。

军事上如此，政治和人生，无不如此。

第六章 北征辽东：洞悉人性

后诸葛亮时代，蜀魏家中事

诸葛亮去世，这个世界瞬间平静下来。

公元 235 年，连续多年的战乱进入中场休息，魏蜀吴相安无事，只有蜀将马岱小规模伐魏，被魏将牛金打败。但在平静的水面之下，隐隐暗潮涌动，很多事件当时看似微不足道，实则直接影响了以后的历史进程。

这是一个转折之年，魏和蜀从这一年，都开始走入下坡路，一直到它们灭亡。

诸葛亮病重时，蜀后主刘禅安排尚书仆射李福询问人事安排，诸葛亮推荐蒋琬接替自己，蒋琬之后，由费祎接任。李福又问费祎之后谁可接任，诸葛亮沉默不语。

蒋琬，字公琰，时任丞相长史、抚军将军。诸葛亮去世后，刘禅任命蒋琬为尚书令，行都护，假节。都护职权如大都督，总领内外诸军事，相当于军事大元帅。后来蒋琬又迁大将军，再迁大司马，录尚书事，成为一人之下、万人之上。

诸葛亮在世时，国家军政事无巨细，咸决于亮，刘禅只是一个摆设。如今蒋琬统领军政大事，刘禅却没有任命他为丞相，表明二十七岁的刘禅要更多地掌控朝政。

蒋琬自知没有诸葛亮的能力，所以一直不敢贸然北伐，只是派姜维率领少量部队，经常西进骚扰羌地，没有进行大的战争。

蒋琬的继任者费祎，主张休养生息，多次阻止姜维北伐，他执政至公元 253 年，也没有主动发动过大的对外战争。

费祎死后，姜维继任，重新开启北伐魏国策略。不过这时，司马懿也已去世，抵御他的是魏国新成长起来的杰出将领邓艾等。

除了对魏国政策的变化，蜀国还发生了短时间的内讧，大大削弱了军队战斗力。

诸葛亮去世后，蜀国最有资历、最有经验、最有能力的军事将领，莫过于魏延。但魏延有个致命缺陷，就是骄傲自大，目中无人，因此在军队里和其他将领关系都不融洽。特别是他与另一位丞相长史杨仪，格格不入，如同仇敌。诸葛亮生前多次从中调解，试图改善二人关系，也没有取得成效。

去世前，诸葛亮有意秘密召见杨仪、费祎、姜维，把他们叫到榻前嘱咐撤军计划，并没有通知魏延。诸葛亮的撤军计划是：杨仪带领主力部队先撤，魏延断后，姜维次后，目的就是避免杨仪和魏延内讧。如果魏延不听指挥，随他自便。

撤军前，杨仪派人知会魏延，魏延果不从命。他说："丞相去世了，还有我魏延，怎么能够因为一个人而荒废整个北伐大业呢！"

杨仪也不同魏延分辩，直接带领人马撤退。魏延知道后，大怒，绕道赶在杨仪前面，拦截住杨仪的去路。杨仪命大将王平对阵魏延，王平向魏延军队喊话："丞相尸骨未寒，你们这些人怎敢如此？！"诸葛亮虽死，威望尚存，魏延手下将士知道错在魏延，纷纷散去，魏延成了孤家寡人，被杨仪派人追击斩杀。

杨仪带领军队安全撤退，又斩杀魏延，自以为功大，应该接替诸葛亮执掌朝政。诸葛亮生前明察秋毫，认为杨仪性情急躁狭隘，不适合担当大任，向后主推荐的是蒋琬。杨仪因此郁郁寡欢，多次上书抱怨，言辞激烈。

不久，担心被朝廷治罪，自杀而死。

人事变动和将领内讧，使蜀国对魏国不再构成威胁。而吴国内部也不断发生山越造反的事情，让孙权焦头烂额，无暇北顾。魏明帝曹叡感到前所未有的轻松。他登基近十年，对外较大战争就有十多次，很少有年份没有战争。明帝身为人主，不甘于这样长期疲劳，外部威胁刚刚解除，他就迫不及待地享受起奢靡舒怡的日子。

长年的战争破坏力巨大，特别是洛阳，董卓曾经裹胁汉献帝西逃长安，一把火将洛阳化为灰烬，以至于汉献帝重新回到洛阳时，无栖身遮雨之所，被迫迁都许都。曹魏建都洛阳后，对洛阳进行了简单修复，建造了洛阳皇宫。只是由于时间仓促，国力薄弱，这些宫殿都比较简陋。如今，建国已十多年，国力有了一定提高，国家有了一定积蓄，曹叡开始热衷于大兴土木。

这一年曹叡主要扩建了洛阳宫。洛阳宫已经建造起的宫殿、景致有凌云台、嘉福殿、崇华殿，凿灵芝池等，还有一座皇家园囿芳林园。曹叡一口气又扩建了太极殿、式乾殿、昭阳殿，还修建了宫殿正门阊阖门，阊阖原是传说中的天门，曹叡将它作为自己宫殿的正门。此外还有众多的观、台、门阙。

宫殿建造在高大的夯土台上，显得恢宏壮观。而宫内各殿、台、观，均高十六七丈，以阁道相连，连绵起伏。这些建筑的装修更是奢华，以金玉装饰，黄砖碧瓦，光辉曜日。梁栋上雕镂着金龙、彩凤、花卉、山水，栩栩如生。门柱上镶裹着锦绸玉缎，鲜艳夺目。据说明帝扩建后，洛阳宫殿阁达到七百余间。

洛阳东有谷水，明帝命人在宫中建造水池，引谷水入宫。他命令当时的能工巧匠马钧做司马车、水转百戏，供观赏娱乐。又命人开凿假山，从全国各地征调奇石、名花、珍禽，建成后时常与后妃游宴其中。

明帝还整修了洛阳城，在十二座城门建造两层城楼，在城的西北部，兴筑金墉城，城上哨所、警戒齐全，作为战时应急避难之处。后来这座金墉城非常有名，成为司马氏囚禁曹魏皇族的居所。

魏明帝曹叡如此大兴土木，需要大量的人力物力。仅扩建洛阳宫，就征调青壮年民工三四万人。无休无止的劳役、战争，让农桑之事几乎停顿。

魏国不乏忠直之士。司空陈群进谏说：“古代大禹继承尧舜，依然驻扎低矮的宫室里，穿着粗劣的衣服。现在刚刚经历战乱，人口减少，和文景之治时相比，全国还没有当时一个大郡的人口多。加上边疆战事不断，将士劳苦，如果出现自然灾害，国家将面临巨大忧患。中原劳民伤财，受益的是蜀、吴两国，这关系到国家安危，希望陛下多关心农桑，行帝王之业，少建帝王宫殿。”明帝回答陈群：“帝王之业和帝王宫殿并不矛盾。现在建了宫殿，消灭敌人之后，就不再需要大兴劳役了。”

魏明帝还像大多数皇帝一样，贪恋美色。他的后宫有后妃、宫女上千人，他把后妃们分成十二个等级，比照文武大臣享受俸禄。比如“淑妃”，官比丞相，爵同诸王；最低一级“良人”，也秩千石。他还挑选读书识字的宫女任女尚书，有大臣不经尚书省直接呈上来的奏章，让女尚书初审，然后再奏明自己处理。

针对这一情况，廷尉高柔上书进谏，说：“《周礼》规定，天子可有后妃以下一百二十人。我听说陛下后宫的人数可能远超这个数目。后妃人数多，伤害身体，陛下子嗣不够昌盛，大概与这个有关。我认为应该减少嫔妃数量，多余的全部遣送回家。陛下专一静养，育精养神，就有可能多子多孙。”明帝对高柔的正言进谏表示肯定和赞赏，但依然我行我素。

对于明帝大兴土木和贪恋美色，司马懿也有规谏，他的规谏比较委婉，认为扩建洛阳宫是应该的，但兵役和徭役不应同时进行。现在主要应安定社会，解决主要矛盾。

司马懿的谏言当然也没有起多少作用。明帝一改即位初期的励精图治，追求奢靡享乐，使魏国没有能够把握机会快速发展，反而使朝廷日趋没落。他后宫淫乱，使自己寿命短促、子嗣不茂，又直接导致了曹氏大权旁落。

孤独的战神，高处不胜寒

诸葛亮去世后，公元235年，魏明帝任命司马懿为太尉，取消了朝廷中大将军的封号。

太尉是“三公”之一，是“三公”中负责军事的官。

汉魏时期，军职比较混乱，“三公”中设太尉，但往往不是实际带兵者。带兵者封大司马、大将军、骠骑将军、车骑将军、前将军、后将军、左将军、右将军、征东将军、征西将军、征南将军、征北将军以及各种杂号将军。其中大司马职位最高，在“三公”之上，而大将军职位有时高于“三公”，有时又低于“三公”。

司马懿由大将军改任太尉，并没有贬谪的意思，太尉是朝廷职位，负责管理和考核军官。任太尉后，他的地位虽然没有提高，但工作的领域却有所扩大。

从另一方面看，曹休、曹真都曾任大司马，曹真死后，按惯例大将军司马懿应接替大司马，况且司马懿立有大功。魏明帝曹叡没有这样做，反而取消了大将军一职，表明他不愿看到异姓武将坐大。

事实上，当时朝中对将军们军权过大也有议论。中书侍郎王基曾经上书说：“汉朝取得天下后，到文帝时只有同姓诸侯，可贾谊仍居安思危，说：

‘躺在火堆上睡觉，还认为是平安。’如今贼寇未灭，武将拥兵自重，限制他们则无法对敌，放任他们则留下隐患。长久下去，子孙恐怕难以制服。现在正值国家盛明，应该全力消灭贼寇，限制武将。否则将来遇到暗弱的子孙，必定成为国家的忧患。假使贾谊复活，一定对此忧心忡忡。”

王基的本意是规劝明帝励精图治，但后面的话却被不幸言中。

光禄勋高堂隆，也曾向明帝奏书，说：宫中发现一双全身艳红的怪鸟，这是不祥之兆。陛下应该严防猛鹰飞扬的重臣，以免危及社稷。高堂隆还向明帝建议，让同宗诸王在封地内建立军队，遍布全国，这样就能拱卫中央，确保曹氏天下不被篡夺。

高堂隆的建议并不可行，汉初同姓诸侯王权力过大，景帝时期，吴王刘濞、楚王刘戊等七位诸侯王与中央对抗，发动武装叛乱，酿成“七国之乱”。魏明帝自然不会重蹈覆辙。不过，高堂隆提醒提防重臣权力过大，则应该引起重视。可惜明帝一心应付群臣反对大兴土木的奏章，对这些关乎社稷安危的建议却置若罔闻。或者说，由于战争的需要，明帝想不出更好的办法阻止武将拥兵自重。

天下分裂，战争频仍，朝廷大权旁落，武将无法控制，几乎是封建社会中前期通病，一直到宋明推行文人政治，武将不统兵，这个问题才得到解决。

魏明帝曹叡虽然英明，但无法超越那个时代，不可能找出有效方法防止武将坐大，除非曹氏后代个个强悍，能够驾驭朝政。

事实上，这是奢望。

魏、蜀两国不思进取，作为雍、凉二州都督，司马懿乐得清闲。他是魏国职位最高、经验最丰富、作战能力最突出的将领，现在的主要任务是一边屯田，一边训练士兵。

他屯田成效显著，改变了关中长期缺粮的状况，除了供应庞大的军队，还有结余。一次，中原灾荒，司马懿一次调拨五百万斛粮食送到洛阳，令明帝大悦。

还有一件让明帝高兴的事，是司马懿打猎时捕获一只白鹿，把他送到洛阳，进奉皇上。

鹿在古代是常见动物，我国境内的鹿，大多为黄棕色，白色的鹿十分罕见。皇家视白鹿为祥瑞，司马懿进献白鹿，明帝怎能不欣喜？！他专门给司马懿写信，嘉奖其忠心，说：过去周公辅佐成王，贡献白雉，现在你镇守陕西，进献白鹿。这难道不能说明你忠心耿耿，比肩古人，护卫邦国，直到千秋万代嘛！

周公是自古以来忠臣的代表，明帝把司马懿和周公放在一起类比，对司马懿是无比崇高的评价，也包含着殷切的激励。

这两年，司马懿顺风顺水，过得既轻松，又高兴。特别是公元236年，他家里还添丁进口，长孙司马炎出生。

司马懿家族长寿，父司马防寿七十一岁，祖父司马儁寿八十五岁。而且多子，司马懿兄弟八个，他自己青出于蓝，有九个儿子。正室张春华为他生育三个儿子，其中长子司马师、次子司马昭最为有名。侧室伏夫人、张夫人、柏夫人也各有所出。

起初，司马懿与夫人张春华十分恩爱，长达十几年专宠张春华，不纳妾，不嫖妓，做模范丈夫。司马懿出仕那年，张春华为司马家生下长子司马师，三年后，生次子司马昭，司马懿着力培养两个儿子，家庭生活十分美满。

然而本来宁静的家庭后来骤起波澜。曹丕倚重司马懿，见司马懿劳顿繁苦，亲自给司马懿做媒，介绍了个小妾伏氏，作为奖励。圣旨不可违，司马懿乐于笑纳，张春华也不敢阻拦。

男人好色，纳妾的事会有连锁反应，后来司马懿又娶了张氏和柏氏。有了新欢，司马懿渐渐疏远张春华，特别是对柏夫人宠爱有加，白天忙于公事，晚上耽于温柔乡，一连好几个月，张春华都见不到司马懿身影。

尽管张春华泼辣，但古人讲三从四德，不便发作，只好尽量隐忍。在长安这阵子，不像打仗时那样紧张繁忙，家务事就凸显出来，张春华忍耐许久的妒火终于燃烧了。她不便到司马懿公所闹事，就去柏夫人住处找茬。不想她去得不是时候，司马懿正与柏夫人卿卿我我，柔情蜜意，见到张春华，很是扫兴，没好气地说：你这个丑陋的黄脸婆！长得丑不是你的错，跑到这里来吓人，就是你的不对了！张春华伤心欲绝，哭着跑回家里，不吃不喝，绝食抗议。

有家人禀报给了司马懿，司马懿冷冷一笑，并不理会。他太了解这个女人了，她享受着荣华富贵，只愿长生不愿老，哪里会如此轻生。况且，这么个厉害角色在身边，一点也感受不到温柔，哪里有柏夫人的软香温玉，纵然死了，又有何惜。

张春华见这招不灵，更加懊恼。但她是有智慧的人，绝不会善罢甘休。她把两个儿子司马师和司马昭找来，向两个儿子摊牌，你老爸被美色所惑，对我们娘仨不管不问，你们俩什么态度！两个儿子都极聪慧，哥儿俩一嘀咕，陪着母亲关在屋里，一同绝食，逼老父亲就范。

司马懿听到消息，果然慌了手脚。他急忙跑回家，当着两个儿子的面向张春华道歉，并且做出保证，合理安排时间，做到妻妾兼顾。张春华达到了目的，见好就收，原谅了司马懿。

过后，司马懿对柏夫人解释：“那个老家伙死不足惜，只是我两个好儿子让我心疼呀！”

这个家庭又重归平静。

不过最让司马懿揪心的还是子嗣延续问题。

长子司马师娶曹魏征南大将军夏侯尚女儿夏侯微为妻，生有五个女儿，却没有一个男孩。这样，生育男丁的重任就落在了次子司马昭身上。司马昭娶司徒王朗的孙女王元姬为妻，王元姬在嫁过来六年后，终于为司马家添丁进口，为司马懿生了长孙。

司马炎的出生，让这个家庭充满了欢声笑语。司马懿对长孙寄予厚望，弱冠之后，为其取表字“安世”，巩固社稷，安定天下之意。

当然，这两年也有遗憾，陈群这位老朋友、老搭档、老领导去世了。司马懿心中有些失落，但很快就烟消云散，毕竟外放这么多年，他们很少见面，感情也渐渐疏远了。对于伟大的政治人物，生离死别本不是什么大事，况且，随着陈群的去世，四大辅政重臣，只剩下司马懿一个人，他在魏国的威望和尊崇更加无人可及。

朝秦暮楚，游走于大国之间

魏国西北刚刚消停两年，东北又有事了。

魏国的疆域，东北到达现在的辽宁省全境。其中辽河以东，称为辽东地区，设有辽东郡，郡治襄平（今辽宁辽阳市），属幽州。

汉末，本地人公孙度为辽东郡太守。他西伐乌桓，东征高句丽，疆域面积最大时，占有朝鲜半岛西北部，向南跨海攻取胶东半岛北部，成为雄霸一方的割据势力。公孙度死后，其子公孙康继位。

因为地处偏僻，曹操在统一北方战争中一直对公孙氏采取安抚政策，默认其割据状态。公元207年，因为袁绍的两个儿子袁尚、袁熙逃到北方，投奔控制辽西、上谷、右北平三郡的少数民族乌桓，曹操率兵远征辽西，击败乌桓，袁尚、袁熙失去依靠，只得投奔辽东的公孙康。当时，很多将领建议乘胜攻取辽东，曹操说："不用劳师动众，公孙康会主动把袁尚、袁熙项上人头送来。"遂率军还师。不久，公孙康担心袁氏兄弟客大欺主、鸠占鹊巢，果然杀了兄弟二人，将其首级送予曹操。

曹操封公孙康为襄平侯，授任他为左将军封号，辽东名义上归顺曹魏，实际上仍独立行政。

公孙康死后，因为子嗣年幼，辽东官员推立其弟公孙恭继位辽东太守。曹丕称帝后，任命公孙恭为车骑将军、假节，封平郭侯，追赠公孙康为大司马。

公孙恭身体不好，对治理国家力不从心。公孙康两个儿子长大后，长子公孙晃到洛阳朝廷中任职，次子公孙渊不甘心父亲官位被夺，于公元278年发动政变，逼迫叔父公孙恭让位，自己做了辽东太守。

老臣刘晔认为公孙氏占领辽东日久，恃远不服，早晚会发生叛乱，应该趁公孙渊篡位，出兵讨伐。但魏明帝曹叡不愿多事，没有听从刘晔的意见，顺水推舟，承认公孙渊对辽东的统治，拜其为扬烈将军、辽东太守。

公孙渊，字文懿，是个野心勃勃、不自量力的家伙。他凭借山川与大海的阻隔，企图利用魏国和吴国的矛盾发展壮大自己。他先是派人向孙权示好，表示愿意依附孙权。孙权考虑到公孙渊能够从东北牵制曹魏，有重要的战略价值，他派军队乘船从海上到达辽东，一方面招诱公孙渊投降，一方面企图购买辽东的优良战马。

当时全国有两块区域出产良马，一块是辽东，一块是雍、凉。

这两块地方都属魏国，所以魏国有精锐的骑兵部队“虎豹骑”，而蜀国只能靠步兵，吴国最有战斗力的是水军。诸葛亮伐魏，首先进攻凉州，意图之一就是为了得到该地的良种马匹。吴国军队防守有余，进攻不足，一个重要的因素就是没有强大的骑兵。

孙权急于接过公孙渊抛来的橄榄枝，除了战略上引辽东为外援，还有就是能够得到辽东的战马。

公孙渊结交孙权的消息传到洛阳，魏明帝大怒。他立即调兵遣将，派两路大军讨伐公孙渊，一路由青州从海上进攻，一路由幽州东征。散骑常侍蒋济谏阻说：“公孙渊虽然怀有二心，但还有所顾忌，如果轻易征伐，相当于逼其反叛。虎狼当路，不治狐狸。先除大害，小害自已。”他把蜀、吴比作虎狼，把公孙渊比作狐狸，认为击破蜀、吴，公孙渊自然就不足为患了。

明帝不听。结果海、陆两路征伐都没有明显进展，无功而返。

正如蒋济所料，没有被制服的公孙渊同东吴来往更加肆无忌惮。他接受孙权招降，献上宝马，对东吴称臣。

孙权投桃报李，遥封公孙渊为燕王，派太常张弥、执金吾许晏、将军贺达等率万人，乘大船从海上给公孙渊送来许多金银财宝，加九锡。九锡是君王对臣下最高的礼遇，终汉一朝，只有王莽、曹操被加九锡。

孙权厚待公孙渊，受到臣下的反对，他们纷纷向孙权进谏，认为公孙渊不可靠，也成不了气候，不能寄予厚望。元老大臣张昭上书道："公孙渊远来投靠，其心不诚，如果他出尔反尔，我们反为天下讥笑。"但孙权急功近利，听不进去。

公孙渊果然不出所料，三心二意，朝秦暮楚。他垂涎东吴的奇珍异宝，又想与魏国重修旧好，就玩起了两面三刀的把戏，竟然斩杀东吴使者，收降东吴军队，贪占货物，然后把东吴使者的头颅献给魏国，邀功请赏。

魏明帝这边，见讨伐无效，便改变策略，顺势安抚笼络。他拜公孙渊为大司马，加封乐浪公。公爵高于侯爵，仅次于王，这个封赏对公孙渊来说风光无限。孰料公孙渊让曹叡再次大跌眼镜，魏国使者前去为公孙渊授爵，公孙渊疑心重重，担心趁机被擒拿，竟然派军队将使臣控制看管，然后才进入使臣驻地接受封拜。魏国使臣遭受羞辱和委屈，回到洛阳添油加醋地说了公孙渊不少坏话。

公孙渊在魏、吴之间左右摇摆，结果落了个里外不是人。吴大帝孙权打算亲征辽东，因为路途遥远，被大臣劝止。

魏国自诩天下正统，更受不了这样的屈辱，明帝曹叡任命毌丘俭任幽州刺史，加度辽将军，使持节，护乌桓校尉，打算打一场局部战争，用幽州部队消灭公孙渊。

光禄大夫卫臻表示不乐观，他说："公孙家族三代四人统治辽东，对外安抚胡人，对内整修武备，在辽东根基深厚。毌丘俭想用小部分军队一蹴而就，这种想法太狂妄！”

毌丘俭则自信满满，带领幽州兵，以及一些鲜卑、乌桓士兵，屯驻辽东边界，向公孙渊兴师问罪，要求公孙渊到洛阳觐见皇帝。

公孙渊岂肯俯首就擒！干脆正式起兵反叛。

两军在辽隧（今辽宁海城市）激战，恰逢大雨，毌丘俭军队不能适应，败退。

一场局部战争，不但没有压制住公孙渊，而且更激发了他的嚣张气焰。公孙渊自立燕王，按王国设置百官，并再次对吴国俯首称臣，争取外援。

公孙渊就像身上的疮疖，令魏国后院不安。剪除公孙渊，成为当务之急。

花甲老人的新征程

遍视朝野，最能带兵打仗的，非司马懿莫属。

西北无战事，把战神放在那里种田，太浪费了！魏明帝曹叡紧急召见司马懿。

公元238年正月，司马懿告别悠悠的关中生活，冒着寒风从长安赶到洛阳。

司马懿本来督军荆、豫，西北同蜀国作战，将他调去督军雍、凉，现在东北反叛，又得劳烦长途奔波。司马懿就像灭火队长，哪里吃紧，哪里就得有他身影。

魏明帝在内殿接见了他。由于没有外人，明帝说话亲切而随意，向司马懿解释说："本来这点小事不值得麻烦你，但两次征讨都没有进展，看来只有你披挂上阵才有取胜的把握。"

接着明帝详细介绍了辽东的情况，问司马懿："要战胜公孙渊，需要多少人马？"

"四万足矣。"司马懿坚定地说。

"如果大军到达辽东，你觉得公孙渊会如何应对？"聪明的曹叡想知道司马懿有多大取胜把握，又不便直说，找了一种委婉的提问方式。

虽然在内殿，但司马懿依然小心谨慎，不敢失臣子礼节。他认真地分析形势，恭恭敬敬地回答：“摆在公孙渊面前只有三条路：一是放弃襄平逃走，这是上策，因为这样他还可以保存一些实力。”停顿了一下，似乎是给皇帝回味的时间，接着说：“二是凭借辽水天险守住要津，作持久战，寄希望于我军耗尽粮食而退，这是中策。”司马懿又顿了顿，让自己的语言尽量富有层次感，然后说：“三是守卫襄平负隅顽抗，这是下策，这样将被生擒活捉！”司马懿语速虽然缓慢，但是坚定有力，让人感到值得信任。

这正是明帝想要的，因为三个结果，都是公孙渊败北。不过司马懿的分析激发了明帝的兴趣，他想更深入地了解一下战神的判断力，问：“你认为公孙渊会采取哪种对策？”

司马懿回答道：“睿智的人能够看清大势，懂得舍弃，不去做超过自己能力的事情。但公孙渊不是睿智的人。所以，他会选择中下策，像对付毌丘俭那样，先在辽河抗拒，等我们突破辽河，他会带着残兵败将退守襄平。”

司马懿长年在关中，但对公孙渊了解得这样深入，甚至能准确判断出公孙渊的应对之策，可见，他身在一隅，心系天下，难怪被尊为社稷之臣。

这场战争事关全局，影响到对蜀、吴战略决策，以及全国的物资调配和后勤保障，曹叡关心战场能够持续多长时间，司马懿想了想，回答道：“去一百天，战一百天，还一百天，中间六十天休息整顿，一年刚刚好。”

司马懿的回答让明帝非常满意。无论朝中政事，还是边疆战事，只要司马懿在，他就没有什么可担心的。对于开始贪图享乐的皇帝来说，没有比这样的大臣更值得赞赏了。

第二天，在正殿朝堂上讨论出兵北伐，有大臣提出四万人太多，理由是路途遥远，消耗太大，军资供应困难。明帝说：“虽说出奇制胜，但没有一定实力，怎么能打胜仗？不应吝惜军资，应首先保障前线粮草供应。”

又有人提出，如果东吴出兵增援公孙渊怎么办？蒋济认为不足为虑。他分析道：“孙权知道我们征伐准备周全，他不可能从中获利。东吴远离辽东，即使有心援助，也鞭长莫及，力不能逮。假使执意援助，派少量部队，无济于事，只能在沿海观望、骚扰。当然，如果我军进展缓慢，不能速战速决，那么孙权就有可能对我们进行夹攻。”

全面分析形势之后，魏明帝曹叡信心十足，下令司马懿即刻启程。

汉魏洛阳城，在今洛阳城西十五公里，出北门，过黄河，西去五十里，就是司马懿家乡温县孝敬里。司马懿向明帝请求，大军路过温县，稍作停留，探视故里。明帝欣然应允。

古人有极重的故乡情结。西楚霸王项羽推翻秦朝，有人劝他建都咸阳，项羽不允。他说：“富贵不还乡，如衣锦夜行。”权势和富贵是用来炫耀的，得到家乡街坊邻居的认同才有意义，否则就像穿着绫罗绸缎在黑夜里行走，谁能看得到呢？！司马懿已经官居太尉，位列三公，成为首辅，可谓一人之下、万人之上。他的先人自曾祖起，职位一直是郡太守，司马懿已经远远超越祖上，他更渴望衣锦还乡，光宗耀祖，寻找人生的存在感和归属感。

大军出发这天，明帝举行了隆重的送行仪式。他亲率公卿百官到太庙祭祀，告知祖先，保佑大军战事顺利、旗开得胜。然后全体将士列队举行誓师大会，牛、羊、鹿等牺牲品供列队前，明帝亲临现场，宣读统帅和将军的任命书，然后由符节郎代表皇帝向司马懿授黄钺，由内侍向将士赐布帛，以示激励。司马懿则将一碗鲜红的牛血淋在战刀上，副帅和将军们也各捧一碗血，分别淋在旗号、战鼓、金铎、兵器上，这种仪式叫“衅”。随后，司马懿发表一通令众将士热血沸腾的讲话。这当儿，牛羊已经煮熟，切成块，称“胙肉”，分发给将士们享用。

整个仪式进行完毕，大军开拔。

这一年，司马懿已经是六十岁的花甲老人，而辽东远在四千里之外，北地寒冷，海边潮湿，且不说战争风险，单气候环境就令人望而生畏。司马懿老当益壮，勇挑重担，着实令明帝感动。他亲自送司马懿到城外二里，命司马懿的弟弟、儿子们陪他至老家，也算成全其阖家团聚之意。

一路上，司马懿心潮起伏，难以平静。他仿佛看到清风岭上的古树绿藤，仿佛听到蟒河的优柔涛声，仿佛又在家乡的清风明月里读经诵史，指点江山，胸怀天下。

他想起了街坊邻里，以及许多故人，特别是昔年好友胡昭胡孔明。自从外放为将，就再也没有见过他，他今年应该已经年近八旬，听说身体康健，云游四方，不知现在在哪里！想到这儿，他派人飞马赶往陆浑山，如果老人在隐居的地方，立马请到温县，重叙旧情，以慰相思。

故乡的清风明月，且载歌载舞

大军离孝敬里二十里地，司马懿下令停止行军，安营休息。

时间已是下午过半，司马懿不愿晚上打扰乡亲们，决定第二天进村，当天派司马孚、司马师等先回家整理房屋院落。

第二天，军队原地休整，司马懿只带领少量随从策马扬鞭，沿着乡间驿道向村里驰来。

近村五里地，前面锣鼓喧天，当地官员、豪绅乡贤恭立道路两旁列队迎候。十里八乡的老百姓则挤在队列后面，试图一睹太尉的风采。

司马懿下马和大家见礼，然后相携回家。司马懿出仕后，家里没有旁人居住，院落、屋里的陈设一如从前，冬日阳光从正门慵懒地照进堂屋，纤细的尘土在阳光里飞扬飘荡，一如青春记忆。只是，房屋主人今非昔比，整个房屋也熠熠生辉了。

站在屋前，司马懿百感交集，有对青年的回味，有对岁月的感慨，有衣锦还乡的自豪，有前呼后拥的荣耀。

司马懿一边寻找着这个屋子里的种种记忆符号，一边与官员乡绅街坊唠着家乡的沧海桑田。外面，专为迎接司马懿的乡俗表演已经拉开帷幕。

乡俗表演尽显中原特色，有踩高跷、跑旱船、舞龙狮等，都是当地逢年过节百姓们自演自娱的节目。今日的表演却比节日时更为盛大，气氛更加热烈。

司马懿青年时就喜欢看这些表演，今日重温，自是乡情泛滥，一向严肃的脸上洋溢着孩子般的笑容。

正午免不了酒席宴饮，一班人推杯换盏、谈笑风生，虽值冬日，却是春意盎然。司马懿心喜情悦，在众人敬劝下，竟酣畅淋漓地酩酊大醉。

当地规矩，当地官员和豪绅要轮流做东，款待尊贵的客人。一连几日，笙歌酒宴、暮醉朝醒、人情欢娱，难得轻松。

温县孝敬里西北处，有一处靠近济水的高台，名曰虢公台，传说为东周大臣虢仲率诸侯国军队进攻晋国时，在此誓师所建。这一天，司马懿借虢公台这块开阔的高地回请乡亲。酒到浓处，司马懿兴之所至，歌诗一首：

天地开辟，日月重光。

遭逢际会，奉辞遐方。

将扫芜秽，还过故乡。

肃清万里，总齐八荒。

告成归老，待罪舞阳。

这是当时流行的四言诗，十句四十字，恰到好处地表达出司马懿此时此刻的心境。

诗句翻译成现代汉语就是：开辟出新的天地，日月重放光芒。恰好遇到这样的大时代，我奉皇帝的命令，到遥远的地方，去讨伐叛贼忤逆，中途路过我的故乡。等到肃清各地割据势力，一统天下，大功告成，我将辞官告老，到我的舞阳封地安享晚年。

首句以“天地”“日月”开启全诗，显示出司马懿的博大胸怀，“日月重光”，太阳和月亮重放光芒，指长年战乱后又出现了政治清明的局面，这是对魏明帝曹叡的盛赞与答谢，同时兼有对光阴的感慨。“遭逢际会，奉辞遐方”，指奉命平定辽东。“将扫芜秽”“肃清万里”，显示了他消灭公孙渊反叛势力的决心。而“告成归老，待罪舞阳”，则明确自己无心贪恋权位，大功告成之日，就是归还权力，隐居避世之时。

舞阳是司马懿的封地。最后两句是向魏明帝表明心迹，也是为了消除一些朝臣对他手握兵权的担心。

司马懿是位性情深沉处世严谨的儒士，这样的性格不太适合写诗。司马懿一生流传下来的诗歌只有这一首，正是酒酣耳热意气风发时所写，这首诗里，表现出他的另一面：豪放、阔大、坚定和雄壮。也许这才是本性的司马懿，平日表现的是在官场里左右逢源的面具。

有人拿这首诗同刘邦的《大风歌》、曹操的《短歌行》以及赵匡胤、朱元璋的诗句相提并论，暗示“肃清万里，总齐八荒”有帝王之姿和帝王之志。若如此推断，岳飞写过“三十功名尘与土，八千里路云和月”，辛弃疾写过“气吞万里如虎”，这样气势恢宏的句子，足以为他们扣上心怀不轨的罪名。

解析诗文，如果预设立场，将谬之千里。

歌以咏志，司马懿激情澎湃，他把军队里的鼓乐手召过来，为乡亲们表演战鼓军乐。司马懿专门训练一种战场鼓乐，为凯旋庆贺，名曰“得胜鼓”。得胜鼓需四面九尺大鼓，和十多面三尺小鼓，演奏时，四名士兵抬着大鼓，两名士兵踩在高跷上重锤击打。小鼓围在大鼓四周，一人一面，挂在士兵的脖子上，为大鼓协奏和声。另外还有大镲、鞭鼓、云锣、月锣等间杂其间，渲染气氛。这些乐器组成方阵，一边敲击一边行走，中间还可变换阵形。大鼓小鼓节奏变换，时而雄浑，时而高亢，声震云霄，气势宏大。

得胜鼓威武雄壮，虢公台下一片欢腾。

为纪念司马懿这次衣锦还乡，父老乡亲恳请军中鼓手留下，专门教授乡里青年学习得胜鼓。从此每逢喜庆，都要举办盛大的演奏活动。久而久之，演变为全国独一无二的民俗节目。

累日狂欢，司马懿终于将告别家乡。最后一个晚上，他屏退左右，一个人走上了清风岭。连日忙于应酬，他没有闲暇重新感受岭畔的明月涛声。今晚，他无法抑制自己，只想一个人来到这里，静静地回望三十年前的青春。

如果说他有所期待，就是希望胡昭能在这里，像当年一样纵论天下，探讨人生。

可惜，使者从陆浑山回报，胡昭不知所向。

司马懿心里空荡荡的有些遗憾。

他一个人，坐在岭边，在月光的照耀下，发丝如银。岁月无情，此去经年，已是三十载之后。

忽然，后面一声朗笑："仲达，可是在等老夫？"

原来正是胡昭。

"孔明兄，想死我了！你怎么在这里，又怎么知道我在这里？"司马懿急不可耐，像个小孩子一样语无伦次。也许，只有在胡昭面前，他才能赤裸裸心不设防。

"你北伐回故乡这么大的动静，我怎能不知，怎敢不来？！"

原来，司马懿派去的使者到陆浑山时，胡昭已经动身赶来温县。胡昭是喜欢清静之人，见司马懿累日应酬，就没有现身。

司马懿详细询问了胡昭别后情况，见胡昭精神矍铄、鹤发童颜，不禁感慨："你就是世上的活神仙呀！"

胡昭也不客气，说："我是闲散惯了的人，贤弟却不能与我一起做神仙。"

司马懿一声叹息，人生不能两全，舍得之间，必须懂得放弃。

世家出身的司马懿，不会放弃功名。

何况，从小熟读经史，就是为了学以致用，救赎社会。他伏膺儒教，从来没有想过逃避现实。

胡昭好心提醒司马懿：“树大招风，权大招妒，当今朝堂之上，能征善战的将军都已故去，只有你，斩张霸、擒孟达、败蜀兵、退诸葛亮。如今远征辽东，必大捷。论功劳，论才能，魏国无出贤弟左右。人主最爱猜忌，群僚搬弄是非，贤弟不可不防。”

“为人臣，自当殚精竭虑，为国分忧，为社稷尽责。我会慎言谨行，谦卑恭顺。当天下归一，江山稳固，黎民安居乐业，我才可安心放逐山林。”

“此恨绵绵无绝期。贤弟恐怕会为社稷所累，因功招祸。”胡昭不无担心。

“此心可鉴明月，圣上定能体察。”望着天上明月，司马懿幽幽地说。

“你是个有执念的人，虽不能放下人间俗事，却令人心生敬佩。”

“天下太平，孔明兄的神仙日子才得以快活逍遥。”司马懿打趣地道。

道不同不相与谋，但他们还有友情。

这一夜，清风明月，对坐而谈，几近通宵达旦。

轻松突破防线

司马懿大军启程的消息传到辽东，公孙渊无比紧张。

从兵力对比来看，辽东占有优势。公孙渊领下人口七十万，仅比蜀国少二十万，能够动员青壮年入伍大约七万，而司马懿率领的军队仅有四万。不过，司马懿率领的是训练有素的魏国精锐，长期在前线历练，战斗力绝非辽东能比。

从统帅来看，公孙渊当政不久，没有经历过大的战役，缺乏实战经验。司马懿战绩辉煌，战功赫赫，用兵神出鬼没，公孙渊相差甚远。

魏国派出国中第一战将，显示出征服辽东的决心，势必不胜不还。公孙渊自知这一战凶多吉少，然而到了这一步，只有硬着头皮往下走。

政治上，他向东吴称臣，请求孙权派兵援助。

公孙渊派出的使者到达吴国，大臣们痛恨公孙渊劫杀吴兵，纷纷建议斩杀来使，回绝他的请求。太子中庶子羊衜另辟蹊径，建议说："公孙渊虽然不仁不义，但我们应以霸业为重，不能错过削弱魏国的机会。我们可派少量部队前去。如果公孙渊获胜，我们引为外援，在后方给魏国制造麻烦，有利无弊。如果双方战斗难解难分，我们在其边陲抢掠财物，满载而归，也有所获。即使公孙渊失败，我们及时回兵，也没有什么损失。"

孙权觉得羊衜言之可行，他给公孙渊写信，称兄道弟，誓言与公孙渊同休戚、共存亡，并告诫公孙渊："司马懿善于用兵，变化若神，所向无前。我很为你担心。"同时，派兵北上，做出增援的样子，但并不投入战斗，静待战局变化。

孙权已经预料公孙渊必败，对他的支援形式大于内容。

军事上，果如司马懿所料，公孙渊设立两道防线，一道在边界的辽隧，一道是郡治襄平。

襄平西一百五十里处，有辽水、小辽水、大梁水三条河流在此汇聚，这个地方就是辽隧。公孙渊试图利用三水天险阻挡魏军。他派卑衍、杨祚率步骑兵数万人，在辽水东岸修筑了坚固的工事，深挖壕堑，高筑护堤，绵延二十余里。壕堑内栽满坚硬的鹿角，辽军坚壁而守，以阻挡魏军。

襄平城防线则由公孙渊固守。

六月间，司马懿率军队到达辽隧。正月出发，六月到达，比预计的到达时间晚了一些。

等待他的是滔滔辽水和高垒深壕，辽东军龟缩于营垒之内，不主动与魏军作战，只严加防守，阻止魏军渡河。

这很像司马懿对付诸葛亮"坚壁而守"的策略。司马懿自己的招数，自己能破解吗？

手下将领纷纷请战，要求强渡强攻。司马懿不予理睬。打仗既要有勇，又要有谋，特别是魏军兵力只有四万，经不起消耗。

司马懿梳理了一下思路，敌人依仗的是易守难攻的地理形势，最好的办法是把他们调出营寨，在野外消灭他们。

如何让敌人放弃坚营壁垒呢？

司马懿令人在敌人营垒南边，即辽河南段的西岸遍插旗帜，远远望去像是集结着大量部队。辽隧营垒里的卑衍、杨祚果然上当，以为魏军要从南段渡河，赶忙调动主力重点防守。魏军的旗帜向南移动，他们也跟着到南边阻击。

实际上，司马懿用旗帜做疑兵，目的就是为了吸引敌人的兵力。趁此机会，魏军主力突然从辽河北段抢渡。等到魏军全部过河，卑衍、杨祚才发现中了司马懿“声东击西”之计，这一计，又叫“明修栈道，暗度陈仓”。

辽军无奈，只好放任魏军在东岸站稳脚跟，依然坚守不战。

再一次让辽东守军出乎意料的是，魏军并没有攻营拔寨，他们不做停留，舍弃辽隧，直奔襄平。

越过守卫的敌人，直接深入后方，很容易被前后夹击，是兵家之大忌。诸将不理解司马懿的用意，司马懿解释道：“敌人凭借坚固的营垒防守，很难被攻破。我们奔袭襄平，攻其必救，敌人必然在后面追击，这样我们就有机会在野外消灭他们了。”

不出所料，卑衍、杨祚内心恐慌。他们驻军辽水，本是为了阻止魏军，如今魏军径奔襄平，守着辽隧还有什么用呢？！经过商议，二人一致决定放弃辽隧，回救襄平，从背后掩杀魏军。

辽隧守军终于走出了坚固的工事，落入司马懿的圈套，这是司马懿使用的第二计——引蛇出洞。

襄平西边，有一座山，叫首山。司马懿军队没有去攻襄平，而是在首山设下埋伏，静候追击过来的辽隧守军。卑衍、杨祚进入包围圈，被打得七零八落，死伤过半，只好带着残兵败将突围逃回襄平。

魏军就这样轻松突破辽水防线，占领辽隧。

司马懿乘胜追到襄平城下，公孙渊不敢出战，魏军将襄平城团团围住。

将士们立功心切，急于求战，司马懿不许，对襄平围而不攻。将士们质疑说：“太尉攻打孟达时，围困上庸城，八面齐攻，不给孟达一丁点儿喘息机会，只用十六天就攻破城池，擒斩敌将。现在千里跋涉而来，刚刚取得辽隧大捷，正该一鼓作气，攻破襄平城，活捉公孙渊，为何围而不攻？”

司马懿向大家解释：“那时候我军数量是敌军的四倍，上庸城内粮食丰裕，能够支撑一年，我军跋山涉水，后勤供应困难，粮食只够吃一个月，故要急攻，早日结束战斗。现在情况恰恰相反，公孙渊军队比我们多，襄平城内粮食比我们少，故宜相持，用不了多久，城内粮尽，战斗力自然瓦解。”

根据不同对手、不同情况采取不同策略，不教条，不轻敌，因势而异，灵活机动地运用兵法，是司马懿常胜不败的最大秘诀，也是他军事思想中最精要之处。

与人斗　与天斗

除了实力，还有很多影响战争胜负的因素。比如诸葛亮五次伐魏，因粮食不济而退兵；毌丘俭攻打公孙渊，因不适应大雨而败北。

辽东大部分地区属温带季风湿润性气候，夏季多大雨暴雨。

司马懿围攻襄平，正是七月，暴雨不期而至。这一年雨量特别大，平地成湖，并且持续时间特别长，月余不霁。周边河水暴涨，溢出河道，一直淌到襄平城下，水深数尺。

魏军围城扎寨，白天士兵浸泡在水中，晚上连睡觉的地方都没有。

魏军来自中原，不习惯霖雨濡湿天气，将士们行坐不安，难以忍受，左都督裴景向司马懿建议："暴雨下个不停，军营泥泞不堪，将士苦不堪言，咱们把军营移到前面的山上吧。"司马懿把脸一横，呵斥道："擒获公孙渊只在旦夕，关键时刻怎能放松包围，敢有言移营者，斩！"

公孙渊本以为这场雨是天助辽东，魏军必然退兵。孰料司马懿个性坚忍，下令严防死守，决不放松对襄平城的包围圈。

将士们双腿浸泡水中，时间一长，开始浮肿、溃烂。慑于司马懿威严，没有人敢于进言。有一位叫张静的将领实在熬不住了，擅自将本部营地移到高处，司马懿毫不客气，将张静斩首，把首级悬挂于辕门之外，三军为之震撼，无人敢再犯军令。

魏军毫无退兵迹象，襄平城内军民内心焦灼。城中粮食将尽，士兵和百姓以野果、树皮为食，已经多日不见烟火。有胆大的打开城门，在周围打柴伐薪，放牧牛羊。

有将士向司马懿报告，请求攻略出城的军民，司马懿不仅没有答应，反而下令将营寨后退二十里。

将士们再也忍不住了，军司马陈圭大着胆子质疑："我军围困襄平城，为的是敌军粮尽而降。将士们要求移营，太尉不许，为此杀了张静。如今襄平军民到城外打柴采食，太尉要求拔寨后退，任其所为，这不是前后矛盾吗?"

司马懿耐心地向陈圭解释："敌众我寡，敌饥我饱，如果对打柴采食赶尽杀绝，必定激怒城里的军民，引发他们死战守城。现在给他们以小利，就会瓦解他们斗志，有利于以后的攻城。"陈圭听了，心悦诚服。

战争既是肉体的较量，也是心理的博弈，攻城首先攻心，司马懿对兵法理解得深入骨髓，把战争艺术运用得炉火纯青。

到了八月，天色放晴，魏军以顽强的意志经受住了霖雨的考验，士气大振。这时，屡受公孙氏欺侮的高句丽、鲜卑等也派兵前来协同作战。

时机已到，司马懿下令攻城。魏军使用了当时最先进的攻城武器，包括楼车、钩梯、冲车等。楼车是一种战车，车上设有望楼，望楼很高，可以看到城内，也可以在车上建云梯，通过云梯攻上城墙。钩梯是一种攀城工具，有飞钩八寸，钩芒四寸，钩住城墙，援引而上。冲车是以冲撞的力量破坏城墙或者城门。除此之外，建土山，挖地道，从空中、地下展开立体进攻，四面八方、昼夜不息。守城辽军疲于招架，襄平城危如累卵。

更残酷的是，城内粮尽，军士们杀战马果腹，百姓更是人肉相食，其状惨不忍睹。

内无粮草，外无援兵，襄平城处于绝望之中。杨祚等将领率先投降。

公孙渊无计可施，派伪相国王建、御史大夫柳甫到魏军大营，请求司马懿解围退兵。司马懿大怒，将二人斩首，然后给公孙渊发一道檄文，大意是：春秋时楚国攻打郑国，郑国国君肉袒牵羊出城迎接楚军。我是天子派来的，位列三公，而王建等却要我解围退兵，难道还不如楚、郑吗？！可能是两个人老了，把话传错了，你要是还有什么要说的，派个年轻聪明的来吧。

公孙渊没有办法，再派侍中卫演前去，提出只要魏军退兵，愿送自己的儿子做人质。司马懿冷冷地说："用兵打仗最重要的是五件事，能战就战，不能战就守，不能守就逃。除此之外，就是投降或者死。既然你家主公不愿意投降，那只有死路一条，不必送人质了。"

司马懿已经下定决心，要除恶务尽。

八月二十三日，襄平城破，公孙渊带着儿子公孙修和数百骑向东南方向逃去，魏军紧追不舍，在大梁水边将其父子斩杀。

司马懿进城之后，大开杀戒，诛杀伪燕国官员、武将二千多人，屠杀士兵百姓七千余人，襄平城内尸体堆满道路，血水比雨水更多。司马懿将这些尸体堆积在一起，用土封上，号称"京观"。

辽东路途遥远，征伐不易，司马懿需消除一切不安定因素，以防公孙渊势力死灰复燃，因此杀戮过重，极尽残暴，但也多半出于无奈。

对于被公孙渊囚禁的原辽东太守公孙恭，司马懿将其释放。公孙渊反叛时，部将贾范因劝阻被杀，司马懿对其进行表彰，厚待其子孙。

树倒猢狲散，公孙氏统治的其他地区纷纷来降，总共得居民四万户三十万人。至此，四十年公孙政权灰飞烟灭，辽东正式纳入魏国有效统治之下。

辽东既定，司马懿奏请遣散魏军中一千多名六十岁以上的老兵，战死的烈士尸首送丧到家，以示对士兵的关怀和恩宠。

司马懿远征辽东，是战争史上的经典之作。

魏军六月到达辽水，八月下旬攻入襄平城，只用七八十天时间就平定了整个辽东，用兵可谓神速。

平定辽东过程中，因势设谋，灵活机动，每一个环节都不拘泥于现成经验和书本教条，每一种策略都蕴含着丰富的战争艺术精华，用兵可谓神奇。

第七章

遭受排挤：忍不能忍

峰回路转，再入权力核心

八月底，司马懿处理完辽东的善后工作后，班师回朝。魏明帝曹叡派使者到幽州蓟县（今北京西南）犒劳军队，大宴将士数日，随军将领皆有封赏。加封昆阳（今河南叶县）为司马懿封地，这样，司马懿虽为舞阳侯，但同时拥有舞阳、昆阳两块封地，在魏国尚无先例。

为避免军队接近京都，明帝旨令司马懿不必到洛阳复命，直接带军队回关中。四海无战事，司马懿时间充裕，一路行军悠闲自在。十二月，部队走到汲县（今河南卫辉市），朝中出了大事，原先的部署一下子全被打乱。

魏明帝曹叡，由于贪色无度，从六月份起健康开始恶化，到十二月上旬病重不起。这期间，先是治病无效，接着安排后事，闹得后宫和朝廷上下乱作一团。

对于皇帝的病情，御医束手无策，曹叡只好求助于方士巫神。扬州有位女巫，号称天神下凡，以“神水”治病，多有应验，在民间圈了不少粉，达官贵人也趋之若鹜，从而惊动皇廷。曹叡把女巫请到宫中，恳请赏赐“神水”。结果，这一次“神水”非但没有应验，反而加重了病情，曹叡一怒之下，将女巫赐死，重新打回“天界”。

选择继承人，也着实令曹叡伤神。这一年，曹叡三十六岁，正值盛年，后宫佳丽无数，可偏偏子嗣不旺。他先后有过三个儿子，都未能长大成人。古代医疗条件差，养儿不易，但三子皆殇，确实令人费解。自古后宫深似海，外人难窥一二，其中隐情，无从知晓。没有后代的曹叡过继了两个儿子，大的叫曹询，小的叫曹芳，二人相差一岁，同时封王。两位王子从小过继，其生父是谁，亦无人知晓。

曹叡只能在这两位养子中选定一位接班人，最终他选择了小一岁的齐王曹芳，也许曹芳和他比较有眼缘，也许养父子血缘关系更近，这些都无从考断。

曹芳公元231年出生，这时年仅八岁，显然无法承担起治理天下的重任，需要有人辅佐。曹叡二十三岁登基，父亲曹丕尚且给自己安排了四位托孤大臣，何况八岁小孩！

曹叡为曹芳安排了五位托孤大臣，分别是燕王曹宇、领军将军夏侯献、武卫将军曹爽、屯骑校尉曹肇、骁骑将军秦朗。其中曹宇加封大将军。

魏国旧制，除皇帝外，最高统帅为大司马，其次大将军，位置均高于三公。曹真生前为大司马，司马懿为大将军，曹真死后，不再设大司马和大将军，司马懿改任太尉，标志着曹叡有意削弱重臣的权力。如今重新任命大将军，意在树立托孤大臣权威，也为了在五位辅政大臣中确立首辅。

曹宇，曹操与环夫人之子，他的同母哥哥就是历史上有名的“神童”、用船称量大象的曹冲。曹宇与曹叡年龄相仿，二人关系很好。曹叡即位后，封曹宇为燕王。

夏侯献，出身于谯县夏侯氏。曹操的父亲曹嵩本姓夏侯，过继于宦官曹腾才改姓曹氏。夏侯献也属曹氏皇族宗亲。

曹爽，已故大司马曹真之子。曹爽自幼出入宫中，和曹叡私交甚好。成年后，先后任散骑侍郎、城门校尉加散骑常侍，后封拜武卫将军。

曹肇，已故大司马曹休之子。曹休和曹真是明帝最为倚重的宗室，他们的后代也为明帝宠信，曹肇官至散骑常侍、屯骑校尉。

秦朗，父亲秦宜禄原是吕布的部下，吕布盘踞下邳时，秦宜禄奉命到寿春出使袁术，被袁术强留下，妻子杜氏和儿子秦朗还留在下邳。曹操攻打下邳，见杜氏美貌，纳为妾。秦朗因为年幼，随母亲住在曹府，深受曹操喜爱。曹操曾对宾客说："世上有人像我这样疼爱继子的吗?" 曹叡即位后，秦朗被召命为骁骑将军、给事中，经常伴皇帝出行。公元233年，秦朗率军击败骚扰边境的鲜卑军队，将其赶到漠北。

魏明帝曹叡选的五位托孤大臣，有四位是魏室宗亲，剩下的一位是曹氏继子，和大魏皇族打断骨头连着筋。并且，他们都和曹叡从小一起长大，与曹叡有着密切的私交。换言之，曹叡在确定托孤大臣时，考虑的主要是忠心，而不是才干。

这样的安排，也许不是最好的，却是比较安全保险的，能有效避免大权旁落他姓。

然而这样的安排却没有得到落实。

当时曹叡卧床，内外消息由孙资、刘放传递。孙资、刘放为中书监、中书令，加侍中、光禄大夫。曹魏建国后，因尚书台权力过大，从中分出中书机构，设中书令、中书监主管机要，相当于皇帝的贴身秘书。孙、刘二人是曹操时期的老臣，在帝王身边侍奉了三代君主，诏书、命令都是二人草拟和监督执行，处于权力核心，皇帝很多决策都要同他们商议，是皇帝的左膀右臂和心腹内臣。

夏侯献和曹肇是目光短浅、睚眦必报之辈，曹叡还未闭眼，辅政大臣还未上位，他们就开始得意忘形。二人同孙资、刘放素不对眼，当着孙、刘的面，指着宫中的一棵皂荚树说："你们活时间太长了，看还能张扬几天。" 这分明是借题发挥，指桑骂槐。孙资、刘放知道后，深感不安，决心阻止他们掌权。

恰好这时，燕王曹宇坚决不受命，给孙、刘以可乘之机。曹宇乃一介书生，从来没有领兵打过仗，现在被封首辅，任大将军，深感才不足用，压力太大，再三请辞。

这天，曹叡向孙资、刘放发牢骚说：“燕王怎么可以这样！”孙资、刘放回答说：“燕王知道能力不行，担当不起这样的重任，所以推辞。”曹叡又问：“那么谁比较合适？”当时恰好曹爽在身边，二人便异口同声地推荐曹爽。曹叡问曹爽：“爱卿能够当此重任吗？”曹爽是无能之辈，紧张得不知所措，汗如雨下。刘放暗地里踢了他一脚，曹爽才清醒过来，赶忙跪地谢恩，说：“臣愿以死奉社稷。”曹叡深感曹爽才能不足，又问：“谁能辅助伯昭？”伯昭是曹爽的字。魏国最有能力的，莫过于司马懿，同孙资、刘放关系也不错，二人便顺势推荐司马懿。曹叡尚在犹豫，孙、刘二人就对曹叡“晓之以理、动之以情”，说：“根据祖制，藩王不得佐政。况且曹肇、秦朗等，在陛下生病期间，和嫔妃宫女调笑。”曹叡爱色如命，这句话击中了他的痛处，于是采纳孙、刘建议，诏令司马懿进京。

听到这个消息，曹肇马上觐见，痛哭流涕地制止司马懿入朝。曹叡对外姓人本就担心，加上司马懿谨慎干练，将来恐无人能制，曹叡颇有疑虑。他反悔了，下令追回司马懿进京的命令。

权力斗争生死攸关的时刻，再一次暴露了曹肇的幼稚和轻率。他以为大局已定，高高兴兴离开了曹叡。不想孙资、刘放又进来，力谏不可改变主意。当时曹叡身体极度虚弱，头脑也不够清醒，极易为人左右，竟再次反悔，同意了孙资、刘放的意见，并且后悔地说：“曹肇几乎坏了我的大事。”孙资、刘放趁热打铁，说：“陛下最好亲拟诏书，把事情确定下来。”曹叡已经没有握笔的力气，刘放把着曹叡的手，勉强写下圣旨。

刘放不再给皇帝反悔余地，赶紧跑到宫外，宣读皇帝任命曹爽、司马懿为辅政大臣的决定，并诏令免去曹宇、夏侯献、曹肇、秦朗四人职务，即刻离开宫中。

曹宇等知道大势已去，皆涕流而去。

接着，升曹爽为大将军，尚书孙礼为大将军长史，辅佐曹爽。

宣司马懿火速觐见。

等司马懿马不停蹄赶到京师洛阳，曹叡已经奄奄一息。他拉着司马懿的手说："死不是凭人的意志能够推延的，我之所以不死，就是在等你到来！"他把两个养子曹芳、曹询叫到床前，指着司马懿说："这就是将要辅佐你们的人，你们不要认错了。"又让曹芳和司马懿拥抱亲近。司马懿感动得泣不成声，伏拜叩首说："陛下放心，当年先帝也是将陛下托付于臣。"

当天，曹叡崩，时公元239年，魏景初三年农历正月初一。

那一年，司马懿六十一岁。

曹丕确立托孤大臣四位，曹叡确立的托孤大臣只有两位，无疑，这两位的权力更大、责任更重。

孙资、刘放虽然是曹叡身边红人，但无论当时在外界的影响，还是历史功绩，都算不得显赫。然而，正是这两个小人物，给司马懿带来了新的机会，成就了司马懿的权臣之路。

历史的走向有时候是由小人物决定的，此言不虚。

曹爽的朝堂

齐王曹芳继位，改号正始，司马懿在外放十三年后，重新回到中央，被加封侍中、持节、都督中外诸军、录尚书事，由一个军事战区将领荣升为都督全国军队的统帅。

首辅曹爽则被任命为大将军，假节钺，都督中外诸军，录尚书事。

二人工作基本相同，都是都督中外诸军，分管尚书台事务，但司马懿持节，曹爽假节钺，节钺高于节，更重要的是曹爽还是大将军。

曹爽还有一个特权，就是“剑履上殿，入朝不趋，赞拜不名”，可以佩着剑穿着鞋进入大殿，上朝时不用弯着腰一路小跑，朝拜皇帝时不用报名字，只需喊“大将军”即可。这些都不是一般臣子能够享受的，显示了皇帝的恩宠和臣子在朝中的地位。

曹爽是魏室宗亲，领大将军，官位在司马懿之上；司马懿是三朝老臣，年龄大、资历老，战功赫赫，威望在曹爽之上，二人各有千秋。

二人同为辅臣，有过一段短暂的蜜月期。曹爽谦虚谨慎，对司马懿恭敬有加，朝中大小事情都要跟司马懿商量。司马懿呢，也摆正位置，把曹爽当上司对待，各项活动中对曹爽礼让在前。二人配合默契，颇为和谐。

如果一直这样下去，魏国会继续它的强盛。

然而历史的经验告诉人们，辅政大臣很少不钩心斗角、尔虞我诈、互相倾轧。

在曹爽周围，有一个小集团，他们是何晏、邓飏、李胜、丁谧、毕轨等。

何晏，字平叔，祖父何进是汉灵帝时的大将军，灵帝去世，为了独揽朝纲，意欲铲除祸国乱政的宦官集团，结果谋事不周，被宦官提前动手，血染皇宫，由是酿成汉末大动荡，葬送了四百年大汉江山。何进有一子早逝，留下寡母尹氏和孤儿何晏。后来曹操纳尹氏为妾，何晏随母亲居住在曹府，与秦朗同为曹操继子。

仗着跟曹家的关系，何晏真不把自己当外人，平素以公子哥自居。他容貌俊美，皮肤光洁，别人都以为他脸上搽了粉。一次，明帝和他一起吃饭，他大汗淋漓，用衣服擦汗，脸色一点不变，明帝才知道白是他的本色。有一句成语“傅粉何郎”，来形容人白净俊美，就是出自何晏。

何晏长得像美女，性格也“娘”，喜欢打扮，常常穿着女人的衣裳，被人称为“妖服”。有时候，他还模仿太子穿衣，让曹丕非常反感，喊他“假子”。

古人以柔为美，历史上有名的美男子宋玉、潘安、卫阶等，都是唇红齿白，粉面颀皙。何晏符合古代帅哥标准，曹操很喜欢他，不但收为继子，而且招为东床快婿。

何晏还是个聪慧的人，是魏晋玄学的开创者。玄学是魏晋时期流行的哲学思潮，崇尚老庄，喜辩论，好空谈。何晏习惯纸上谈兵，没有多少安邦定国的真本事，在曹丕、曹叡两朝郁郁不得志。

邓飏，字玄茂，南阳新野人。跟何晏相反，邓飏长得其貌不扬，坐立无形，常被人讥笑。他在明帝朝做过尚书郎、洛阳令、中书郎，官职不算小，但作风浮漂，为人奢华，后被明帝免职。

李胜，字公昭，南阳人。李胜也是有才智的人，年轻时游历京师，认识曹爽等一帮权贵公子，变得浮艳，曾被人揭发，有过数年监牢生涯。

丁谧，字彦靖。丁谧的父亲丁斐和曹操是老乡，很早就跟着曹操出来打天下，在征伐马超时立有大功。丁谧亦有才学，年轻时恃才傲物，得罪了王侯，被关进大牢。因为是功臣之子，明帝特赦了他。

毕轨，字昭先，东平郡（今山东东平）人。毕轨年轻时有才名在外。明帝将女儿嫁于毕轨之子，任命他为黄门郎、并州刺史等。

曹爽身边的人，不能说没有才学，但他们有一个共性缺陷，就是“浮华”。

明帝曹叡即位之初，洛阳一些世族子弟、青年才俊耽于文哲，清谈名理，崇尚玄远，聚众交游，品评人物，被称为“浮华交会”，是所谓“玄学清谈”“魏晋风度”的初级发展。这种违逆传统儒教的风气受到朝廷打压，明帝下诏对其中大多数人免官罢黜，称为“浮华案”，轰动一时。曹爽小集团这几个人都是“浮华案”中的主要人物。

曹爽辅政后，这些人聚集在曹爽身边，被提拔擢升，引为心腹。

几个急功近利的人，试图引导曹爽独揽大权。

他们先是离间曹爽和司马懿的关系。丁谧、毕轨等对曹爽说：“司马仲达有野心，在朝中口碑又好，要提防他，不能推心置腹。日后大小事项不必询问他。”曹爽想想有道理，就听从了他们的建议，从此在心理上与司马懿有了隔阂。

他们给曹爽出主意想办法，在政治上排挤司马懿。汉代旧制，“三公”之上，还有太傅，算是荣誉职务，授予那些德高望重的老臣，不掌实权。这个职位时有时无，不是常设。曹爽在丁谧的策划下，奏请皇帝任命司马懿为太傅。曹爽上奏表章的大意是：本人无功无德，凭借父亲曹真的功劳当上了辅政，内心感到惭愧，担心不称职。接着，把司马懿大肆吹捧一番，说他德高望重，功勋卓著。最后，曹爽说：“我没有什么真才实学，却占据着比司马懿更高的位置，天下人肯定说我自恃宗室身份，不知进退。我建议加封司马懿为太傅、大司马。”

年幼的曹芳下诏说："太尉品行正直，对三代帝王忠心耿耿，南擒孟达，西破蜀虏，东灭公孙，功盖海内。过去设立太保、太傅这样的官职，就是要优待有功之臣，授之以尊贵的职位。现在任命司马懿为太傅，还像过去那样持节统兵都督诸军事。"

曹爽奏请的太傅、大司马两个职位，皇帝曹芳核准了太傅，否定了大司马。曹芳解释说：过去先帝想授予司马懿大司马一职，但历史上凡担任大司马的，都不长久，为了回避晦气，就不授予这个职务了。

此外，还授予司马懿"剑履上殿、入朝不趋、赞拜不名"的待遇，家里有婚丧嫁娶的费用都由朝廷供给，提拔长子司马师为散骑常侍。

司马懿的职位貌似提升了，但需要注意的是，"录尚书事"这一核心职务却没有被重新提起。

通过提升太傅，曹爽用明尊暗贬的手法夺取了司马懿一部分权力。

接着，曹爽大力擢升了自己的几个胞弟。曹羲做中领军，曹训任武卫将军，曹彦为散骑常侍、侍讲。中领军、武卫将军掌管禁军，散骑常侍为皇帝侍从，侍讲为皇帝的伴读。这都是要害职务。

然后，曹爽又提拔了何晏等人，以何晏、邓飏、丁谧为尚书，何晏同时负责选拔官吏。毕轨为司隶校尉，李胜为洛阳令，后转河南尹。司隶校尉负责监察百官，洛阳令负责京师的具体事务，这些职务有利于控制朝政。

一方面任人唯亲，一方面排除异己。何晏掌管人事，凡关系好的，阿谀奉承的，送钱送物的，都得到了提拔，否则就找借口贬谪或罢黜，朝廷上下都得看他脸色行事，一时间人心惶惶。

先帝曹叡给曹爽配备的副手，大将军长史孙礼，是一位忠正耿直的人。他不与曹爽一伙同流合污，曹爽感到行事不方便，便调他外任扬州刺史，离开了大将军府。

对于不顺从、敢于顶撞的人，他们毫不留情地进行打击迫害。有一位叫圭泰的人不愿同流合污，对他们多有微词。他们竟把圭泰羁押起来，邓飏亲自审讯，将他定为重罪。司马懿一位族侄司马岐，主管牢狱，看不惯邓飏的所作所为，对他说："你是机要大臣，辅佐皇室，既不能与古代贤臣媲美，相反发泄私愤，迁怒无辜，让百姓惶惶不可终日。你原来是这样的人！"司马岐害怕时间长了受诬陷，称病辞官。

司马懿的兄弟司马孚，为尚书令，本是朝廷的核心职务，但在曹爽一伙咄咄逼人的气焰之下，也拱手让出权力，不太过问具体事务。

司马懿的战场

通过一系列明的暗的重新布局，曹爽攫取了朝政大权。司马懿心里跟明镜似的，但为了大局，只有选择忍让。不过，司马懿清醒地意识到，曹爽一伙这样为所欲为，对自己不利，对国家更有害。关键时候，这些人成事不足败事有余，还得凭他这样的砥柱老臣挺身而出。

果然，不久国家有事，司马懿只好再次出马，亲征东吴。

曹芳继位的第三年，公元 241 年，吴大帝孙权欺魏主年少，出兵伐魏。吴军兵分四路：一路由卫将军全琮统领，攻打淮南；二路由威北将军诸葛恪统领，攻打六安（今属安徽）；三路由车骑将军朱然统领，攻打樊城；四路由大将军诸葛瑾统领，攻打柤中（今湖北南漳县）。

这四路，一路和二路属曹魏扬州战区，三路和四路属曹魏荆州战区。扬州战区征东将军王凌、扬州刺史孙礼，顽强抵抗，首先击退全琮的军队，诸葛恪见势不妙，也率军退走。

攻荆州的两路，朱然统兵达五万之多，行动迅速，将樊城团团围住，不断加强攻势，樊城危在旦夕。

樊城在襄阳北，与襄阳只隔一条汉水。樊城如果丢失，襄阳肯定不保，魏国的边防线将后退到宛城。

魏荆州刺史、武威将军胡质，驻守在新野。他率兵救援樊城，部下劝阻说：“敌人兵多势盛，我军人少势单，战斗肯定不利，不如等朝廷派兵前来，再去救援樊城。”胡质说：“樊城守军很少，如果不尽快救援，会很危险。”胡质人马不多，但毅然前去救援，给城里守军极大鼓舞，短期内抵挡住吴军潮水般的攻势。

消息报到朝廷，围绕要不要救援展开了争论。一些大臣认为，吴军经常北伐，短时间无法攻破城池，自会退兵，这次也没有必要救援。司马懿是积极的救援派，驳斥上述观点说：“边城受攻，会造成全国民心不稳，是朝廷的大事，怎么能坐在朝堂之上，不管不问呢！”

对于由谁带兵前去救援，也有争议。很多人认为，司马懿尊位太傅，年事已高，不应亲自挂帅。司马懿向皇上建议：樊城已经被围一个多月，现在十分危急。朝中年轻人历练少，找不出能确定取胜的人，还是请允许我亲自挂帅吧！

曹爽等虽不愿看到司马懿拥兵自重，但又没有胆量亲自上前线作战，只好同意批准司马懿的请求。

司马懿整顿兵马，不到一个月就逼近樊城。朱然是吴国名将，在麦城亲自擒拿关羽，在夷陵协助陆逊打破刘备，此后驻守江陵，与曹真、夏侯尚、张郃等名将交战，未曾失手，可谓威名远播。

魏国战神司马懿亲自率军前来，朱然采取坚守不战的策略。正是夏六月，司马懿担心魏军不能适应荆州湿热的气候，下令猛烈进攻。他选取精锐之士组成“敢死队”，誓师拼死攻破敌营。朱然见司马懿势在必得，知道难以抗衡，于是撤除樊城之围，趁夜间悄悄退兵。

司马懿早有所料，下令追击，斩杀吴军千余人，缴获一批战船物资。

诸葛瑾进攻柤中的部队进展缓慢，见势不妙，也主动回吴自保。

七月间，魏军凯旋。取得胜利应有奖赏，幼主曹芳将司马懿的子弟十一人封为列侯，又增封司马懿两个县——偃（今河南漯河市郾城区）和临颍（今属河南），同司马懿过去的两块封地舞阳、昆阳同属豫州，相连成片。

托孤大臣，荣任太傅，受封四个县的侯爵，在许多人看来，作为异姓大臣，能到这种地步，也算登峰造极的荣耀了。但司马懿相当清醒，他告诫儿子们说："道家最忌讳的是，水满则溢，物极必反，盛极必衰，就像一年四季，有生机勃勃的春夏，也有衰草连天的秋冬，自然界是这样，社会发展也是这样。只有低调做人，谨小慎微，才能不招惹祸端。"司马懿在告诫子弟，也是在提醒自己，因为他深知，一双双虎视眈眈的眼睛时刻盯着自己，容不得他半点疏忽大意。

过了两年，司马懿又找着个机会，准备再次领兵出征，这一次他的对手是东吴新一代将领诸葛恪。

诸葛恪，字元逊，琅琊阳都（今山东沂南）人。诸葛恪是东吴诸葛瑾的儿子，蜀汉丞相诸葛亮的侄子，当时任东吴威北将军。

诸葛恪脱颖而出，源于平定山越。当时东吴境内有许多落草为寇的山贼，被称为"山越"，这些山越霸居山头，自己种植作物，自己制造武器，仗着山峻路险，不受东吴政权节制，处于半独立状态。山越人平时和当地百姓往来频繁，甚至杂居一起，甚得民心，东吴朝廷几次想要剿灭，都无从下手。

诸葛恪主动请缨，采用武力围困与招抚并用的方法，解决了困扰多年的老大难问题。

对于普通老百姓和已经归顺的山民，另外设屯聚居，然后调集将领，严守山口道路，修筑工事，防止山越外出，将他们围困山中。庄稼成熟时，诸葛恪下令士兵抢收稻谷，不给山越留口粮。山越人吃完陈粮，饥馑难耐，一部分出山投降。诸葛恪给他们宣讲教化，安抚优待，严令不得拘禁刑罚。其余的山越听到这个消息，放下了思想包袱，悉数归降。这样，诸葛恪不仅解决了山越问题，还为东吴收编士兵四万多人。

后来，诸葛恪屯兵吴、魏交界的皖城（今安徽潜山县），带兵侵扰魏地，边境的军民整日惶恐不安。

司马懿以此为借口再次请求率兵出征。魏国朝中大臣纷纷不解，诸葛恪尽管侵扰边民，但也不是什么大事，即使作战，也不需要年事已高的太傅亲自出马。曹爽等人也担心司马懿利用这样的机会立功树威，怂恿幼帝曹芳拒绝了司马懿的请求。

那么，司马懿为什么不顾年迈，热衷于亲自率兵出征呢？司马懿在朝中受到排挤打压，整日看曹爽一伙人脸色，心中不痛快，不如找个借口离开朝廷，到外面做些事情，这是其一。其二，明帝一朝，司马懿始终在前线领军，在军队中享有崇高声望，司马懿不愿放弃军中权力，在朝中受排挤的情况下，带兵打仗对于巩固权力尤为重要。

公元 243 年六月，诸葛恪又攻击六安，劫掠很多百姓、财物，魏军在抵抗时吃了败仗，边境更加动荡。

司马懿终于有了过硬的理由，重提伐吴事宜。曹爽等人找不到很好的反对理由，只好同意出兵。

九月，幼帝曹芳亲自为司马懿送行，以显示对太傅的尊崇。

然而，这次战斗过程却出乎所有人预料，因为双方根本就没有交锋！未等司马懿到达前线，诸葛恪已经撤出皖城，移防柴桑（今江西九江市）了。难道司马懿沙场威名，诸葛恪未战先怯？当然不是。

古人迷信，打仗前要先占卜，预测吉凶。有一种占卜法，叫“望气”，属于看风水的一种，由望气师根据战争地点的山川形势、风气云图等进行预测，确定这一仗是不是有利。孙权非常相信望气，专门找人卜测，结果望气师得出结论，在皖城打仗对吴军不利，因此孙权下令诸葛恪将驻地转移到柴桑。

曹丕、曹叡几次伐吴，都无功而返，这次司马懿出兵，兵不血刃，却取得了预期效果，大概这就叫福将吧。

诸葛恪在东吴颇多建树，后来成为权臣。与司马懿错过这次战场较量的机会，也是历史留下的一点遗憾。

司马懿没有满足于东吴不战而退，他思考的是，如何巩固国防。

同在关中一样，他在淮河南北兴修水利，大量进行屯田。

他重用的屯田官员叫作邓艾。

邓艾，字士载，义阳（今河南新野县东北）人。邓艾从小丧父，家庭贫寒，给人放牛为生，后来邓艾被招募到汝南（今河南上蔡县）种田，成了屯田民。邓艾有个生理毛病，就是口吃。但他很有志向，虽贫穷仍不辍学习，留意国家大事，努力钻研兵法，每到一处，都仔细观察山川地形，想象如果发生战争，如何在这里排兵布阵。很多人嘲笑他不自量力，不切实际。

出身贫寒的邓艾想要建功立业谈何容易！他凭借才学被推举为典农功曹，是屯田民里面的长官，但职位很低，一直生活在下层。

司马懿一向致力于屯田，经常听取全国各地屯田情况汇报。一次，邓艾在汇报工作时有机会见到司马懿，向司马懿交流了自己的见解，司马懿大加赞赏，辟召他为太尉府掾属，后来又提拔他为尚书郎。

由是，邓艾的人生实现了重大转折。这次终于有了用武之地，被司马懿安排在淮河流域推动屯田。他广开河道，拓宽沟渠，淮水流域的水利和军屯建设得到飞速发展，魏国在东南的防御力量大大加强。

后来邓艾转战疆场，更是一发不可收拾，成为三国后期最为杰出的军事将领。唐朝追封古代六十四将，其中就有邓艾。宋代为古代将军设庙，七十二人中也有邓艾。

是司马懿发现和成就了这位军事奇才。

司马懿为自己在军事上找了位接班人，就像诸葛亮发现了姜维。此后一段时间，邓艾和姜维，续演着司马懿与诸葛亮的故事。

年底，司马懿班师回朝，曹芳照例派使臣到中途劳军，司马懿功劳簿上再添一笔。

邯郸学步与仗义为国

司马懿两次出征，凯旋回朝，大大刺激了曹爽一伙儿。曹爽的几个幕僚一起商议，如何让曹爽也立军功，提高军中威望。

邓飏给曹爽出了个主意，就是带兵伐蜀。三国中，蜀国人口最少，国力疲敝。此时诸葛亮去世已经十多年，蜀国有名的大将都烟消云散，邓飏觉得蜀国比吴国更容易被征服，所以怂恿曹爽征伐蜀国。

司马懿表示反对。司马懿督军雍、凉多年，并且随曹操征讨过汉中，对那里比较熟悉。汉中易守难攻，蜀国虽弱，但依仗地势之险，自守绰绰有余，所以现在讨伐蜀国条件还不成熟。

司马懿的反对意见，确实是从国家利益出发，但曹爽急欲树立威名，根本听不进去，一意孤行地开始了伐蜀征程。

公元 244 年，农历三月，曹爽在没有精心准备的情况下，起兵十万，带领征西将军夏侯玄，亲信邓飏、李胜等，杀向汉中。司马懿的次子司马昭，被任命为征蜀将军，作为夏侯玄的副手，也随军前往。

魏军走的是傥骆道，这是关中通往汉中最短的一条道路，也是最险要的一条道路。

诸葛亮在世时，魏延为汉中太守，诸葛亮自己常年驻守汉中。诸葛亮去世后，车骑将军吴壹驻守汉中，王平为汉中太守，后来接替吴壹负责汉中守卫。当时汉中守兵不满三万，将领们非常担心，说：“敌众我寡，不足以抵御魏军，应当放弃关隘，固守汉城（今陕西省勉县）、乐城（今陕西省城固县），等待大军增援。”王平不同意，说：“魏军若是进入汉中平原，就会成为祸患，必须严守关隘。”于是派兵守卫在兴势（今陕西省洋县），这里是秦岭南麓隘口。

魏军行进到兴势，被蜀军阻击，不得前进。更为严重的是，傥骆道行走艰辛，后方补给供应不上，那些拖运粮食的牛马骡驴，很多跌下悬崖摔死，民夫在狭窄的山道上进退两难，形势十分危急。

魏营许多将领劝曹爽尽早退兵，参军杨伟说：“如果不尽快退兵，恐怕会遭受失败。”邓飏、李胜批驳杨伟动摇军心，双方为此发生争执，杨伟告状到曹爽，请求斩邓飏、李胜，曹爽自然不高兴，不但不支持杨伟，反而要求后方增兵。散骑常侍钟毓从后方写信劝他：“见可而进，知难而退，这是自古以来的道理，希望您认真考虑。”

司马懿为国家担心，也为司马昭担心，他除了让后方人劝说曹爽外，亲自给夏侯玄写信。司马懿信中说：“过去太祖武皇帝第二次征伐汉中，几乎大败。如今兴势道狭路险，蜀军占据要隘，如果进不能战，退遭到截击，必定会导致全军覆没。”他让夏侯玄劝阻曹爽。夏侯玄是曹爽这次伐蜀主要倚重的战将，也是玄学代表性人物，和曹爽一派走得比较近，夏侯玄向曹爽建议，曹爽只好应允退军。

退军过程中，果然遭到蜀军截击，曹爽经过苦战才得以解脱。

因为傥骆道又称骆谷道，这一次伐蜀被称为“骆谷之役”。曹爽想学司马懿军中立威，没想到成为笑料。骆谷之役劳民伤财，关中地区经济损失巨大，军民怨声载道。

对外战争的较量中，曹爽完败于司马懿。但他们朝中的斗争并没有丝毫的懈怠。公元 246 年，东吴车骑将军朱然又率军扰袭柤中。柤中在襄阳西边、汉水南岸，那里的老百姓逃难到汉水北。司马懿建议将难民就地安置，免得回到汉水南后继续遭受侵扰。曹爽不同意，说："不能因为侵扰而移民，不能向东吴示弱，应该加强汉水南的治理和防范，这才是长久之计。"司马懿说："把老百姓放到安全的地方他们就得以安全，放到危险的地方他们就处于危险之中。兵书上说'成败，是因为地形；安危，是因为形势'。如果吴军派两万人从汉水上掐断我们的归路，派三万人在汉水南跟我们作战，再派一万人去掳掠柤中，我们将怎样救援他们？"

曹爽的谋略远逊于司马懿，争论也处于下风，但他把持朝政，一意孤行，下令将这些难民赶回汉水南。不久，吴军再次掳掠柤中，把一万多魏国居民强迫迁移到东吴，魏国损失民众，曹爽在朝中威信进一步受到损害。

威信树立不起来，曹爽只有加紧争权夺利，排挤司马懿。

公元 245 年，曹爽对禁军进行改组。

当时皇宫禁卫，设有武卫营、中坚营、中垒营、骁骑营、游击营等，另外还保留了东汉五校尉营的旧制，不过编制大幅减少。禁卫军首领叫中领军和中护军，中领军负责京师内军，即皇宫周围的警戒，中护军负责外军即京师的安全，同时中护军还主管禁军将领的考察选拔。曹操时代起，做过中领军的有曹休、曹真、夏侯尚、陈群等，做过中护军的有蒋济、夏侯玄等，都是帝王倚重信任的重臣。曹爽辅政后，推荐弟弟曹羲为中领军，作为利益交换，由司马懿长子司马师为中护军。

为削弱司马氏权力，曹爽建议削减外军，减少中护军率领的外军数量。司马懿虽然反对，但曹爽作为首辅，又控制了尚书台，一手遮天，最终付诸实施。

这时朝中势力，除了曹爽、司马懿，还有郭太后。

汉朝以来，太后都有相当大的权力，有时候甚至能够对皇帝构成限制和威胁。东汉和帝皇后邓氏，在和帝去世后，立十三岁刘安继位，邓太后临朝听政达十六年之久。西汉权臣霍光，在汉昭帝去世后，立昌邑王刘贺为皇帝。刘贺荒谬淫乱，登基二十多天，做坏事一千多件，霍光和朝中旧臣商议废除刘贺。此前霍光摄政十三年，权倾朝野，但他依然不敢专行，先请示皇太后，得到皇太后允许后才敢行废立之事。

由此可见皇太后在朝政中的作用。

郭太后是魏明帝曹叡的皇后，凉州西平郡人，出身河右大户。按皇室规矩，太后应移住永宁宫，但因为曹芳年幼，郭太后一直同曹芳住在皇帝的寝宫。由于便利，大臣们上奏于皇帝的奏章，都由郭太后代替处理，如同垂帘听政。

在曹爽与司马懿斗争中，郭太后偏向于司马懿。曹爽忌惮两人联手，公元347年，以皇帝年满十六岁，已经长大成人为由，奏请将郭太后迁至永宁宫。郭太后和曹芳母子情深，离别时依依不舍，相对哭泣，可曹爽不为动容。

到了永宁宫，郭太后形同软禁，对小皇帝和朝政的影响大为减弱，司马懿势力再次受到沉重打击。

纵私欲，失人心

要让一个人灭亡，必先让他疯狂。曹爽步步紧逼，司马懿选择隐忍退让。公元 247 年农历四月，司马懿原配夫人张春华病逝。司马懿借这个机会，五月份上表皇帝，以年老多病为由，请求居家疗养，暂时不参与朝政，获得批准。

这是司马懿第二次装病，第一次是出仕前为了拒绝辟召。

搬除司马懿这个绊脚石后，曹爽一伙儿更加肆无忌惮，朝廷上一片乌烟瘴气。

作为辅政大臣，曹爽放任幼帝曹芳随性而为，稍长后耽淫内宠，沉漫女德，沉溺于享乐之中。正直的大臣进谏规劝，都如石沉大海，激不起半点涟漪。散骑常侍、谏议大夫孔乂上疏说："如今天下太平，陛下不必沉溺于骑术，外出要乘坐辇车，以显示天子威仪。"曹芳受不了拘束，置之不理。

曹爽权大欺主，僭越常礼，在奢靡享乐上一点不比皇帝逊色。他的车马、服装、饮食都仿造皇帝规格制作。他喜欢珠宝，家里积聚很多珍藏古玩。他迷恋美色，不仅有众多娇妻美妾，甚至私自把先帝曹叡宫中的女官带到家中淫乐。他爱好歌舞，把专门为朝廷祭祀、朝贺、燕享时演奏的乐器调出来，制作华丽的地下窖室，经常和党羽在其中饮酒作乐。铜雀台住着曹操、曹丕时代的嫔妃，他伪造诏书，发送宫女五十七人，专门到邺城向先朝嫔妃学习歌舞，学成回来作为伎乐，供养在自己家里。

何晏等爪牙们也不是省油的灯，他们竞相奢侈贪腐。他们将洛阳和野王（今河南沁阳市）国家屯田的数百顷桑田和皇帝赏赐给贵族的汤沐田，霸占为自己的产业。利用权势向各州郡索要财物，强取豪夺。

邓飏也贪恋财物美色。有一个叫臧艾的人，为了巴结他，谋取更高官职，竟把父亲的小妾送给他。

丁谧当时在尚书台，经常弹劾、驳斥官员和政令，尚书省因而不能正常运作。

何晏、邓飏、丁谧同据尚书台，还各怀鬼胎，相互争权夺利，争强斗狠。黄门侍郎位置空缺，何晏推荐与他同样爱好玄学的王弼，而丁谧则想用一个叫王黎的人。他隔过何晏，直接向曹爽请示，得到许可。不久，王黎病死，丁谧又故技重演，推荐王沈接替王黎。何晏很不满意，两人矛盾越来越深。

何晏、邓飏、丁谧等作恶多端，朝野皆愤，把他们比喻为狗。当时有歌谣说："台中有三狗，二狗崖柴不可当，一狗凭默作疽囊。"台中指尚书台，二狗指何晏、邓飏，一狗指丁谧，"默"是曹爽的小名。整句意思是：尚书台有三只狗，两只狗张着大口想咬人，另外一只仗凭曹爽势力，最为狠毒。

一些正直之士，甚为忧虑。黄门侍郎傅嘏劝曹羲，说："何晏外表看起来温文尔雅，内心却很浮躁。我怕他诱惑你们兄弟，疏远仁人志士，荒废朝政。"曹羲将傅嘏的规劝转述给何晏，何晏不但不知悔改，还找个借口，免除了傅嘏的官职。

曹爽在任上还推行了"正始改制"：改良九品中正制，理顺台阁、各级长官和"中正"的关系，避免对"中正"过于依赖；改革地方行政机构，将州、郡、县三级官府合并为郡县两级；改革奢侈的服制。

改革是一把双刃剑，操作得好，能够缓解社会矛盾，加快经济发展。操作不当，怨声四起，引发社会动乱。西汉、东汉之间，王莽建立新朝之后，推行改制，就因为不切实际，导致了农民大起义，葬送了新兴政权。

曹爽的改制也为朝臣不容。已经官拜太尉的老臣蒋济上疏："现在东吴、西蜀还没有平定，将士们在外征战数十年不能回家与亲人团聚，百姓心中怨苦。国家的法度，唯有拯救时世的大人物才能编写应用于后世，岂是平庸之辈可以更改的？最终不仅对治理国家无益，还损害百姓利益。"

当时恰巧发生日食，古人迷信，将这种不吉利的天文现象归罪于曹爽"轻改法度"，曹爽一伙儿再失人心。

更多的大臣选择消极抵抗，不予配合。卫臻，字公振，陈留襄邑（今河南睢县）人。他的父亲卫兹，资助曹操起兵，并追随曹操战死。卫臻乃功臣之后，历任光禄大夫、司空、司徒。曹爽派夏侯玄劝请卫臻入守尚书令，并为自己的弟弟向卫家求婚，但卫臻不愿与他们交往，一一拒绝。

蒋济、傅嘏都是朝中重臣、名门望族，曹爽一伙儿傲慢自大，不仅不能团结他们，甚至对自家兄弟、曹氏宗亲，也冷漠排斥。

中领军曹羲头脑还算清醒，对曹爽失德失助深感忧虑，看在眼里，急在心里。他多次劝谏曹爽，曹爽不听。曹羲无奈，假托教训诸弟，写了三篇文章，去向曹爽征求意见。三篇文章陈述骄奢淫逸之害，言辞恳切。曹爽明白这是在规劝自己，很不高兴。曹羲见状，痛哭而去。

曹丕在竞争太子时，由于受到兄弟们的激烈挑战，称帝后，对同宗防范之心尤甚。皇室近支虽然封王封侯，却没有土地，没有武装，没有任何实际的权力。所任用的曹姓，都是曹休、曹真后代，属皇室的远支。

曹氏的另一房远支宗亲曹冏，字元首，是曹爽的同宗叔父。他敏锐地意识到，皇帝年幼，如果宗室继续被排除在权力之外，朝廷大权可能落于旁姓之手。看到曹爽只知道发展小集团，不能壮大自己的队伍，曹冏更加着急。他在公元 243 年上疏说："自古以来，对同姓宗室任官封爵，是因为血缘紧密，对异姓官员任官封爵，是因为尊崇贤能。太依靠同姓宗室，政权没有活力，会逐渐衰微。太依靠异姓大臣，政权缺乏保障，会被强行夺取。古代圣明的帝王明白这一点，既任用宗亲，又任用贤能，做到二者平衡，以此保持社稷长久延续。”接着，曹冏详细论述了夏、商、周、秦、汉、魏六代任用皇室宗亲方面的情况和利弊得失。曹冏还联系当前实际，指出皇室宗亲，要么舍弃而不任用，要么任命官职却不重用，一旦朝廷有难，得不到强有力支持，这是曹氏政权最大的隐忧。

曹冏这篇上疏，被称作《六代论》，是一篇著名的政论文，见解深刻，言辞中肯，对当时魏国的状况很有针对性。可惜曹芳年幼，曹爽昏昧专权，朝中竟无人警醒。

忍不可忍

司马懿虽然称病不预朝政，但对曹爽的倒行逆施，却洞若观火。不可一世最终会导致政息人亡，司马懿坚信不疑，然而用怎样的形式摧毁曹爽势力，他一直在思考。

这天，秋风乍起，天气微凉，司马懿早早披上棉袄，冒着寒意来到后苑，登上假山上的一座亭轩。这里是洛阳城南，居高而望，洛水在脚下荡漾流淌。此时，阳光照耀水面，没有一丝温暖，却像片片粼光透着冷彻。水岸的草木，已经泛黄，微微的秋风中，时而飘落几片落叶，跌在水里，漂浮着，显得彷徨孤独。抬眼望，天空宁静，一朵白云镶嵌在东南，一动不动，像一匹倦怠休憩的老马。

“我是不是真的老了。”司马懿一阵怅然。

虽然生病只是借口，但司马懿身体确实远不如从前。毕竟年届七旬，长期为朝政殚精竭虑，早已透支了精、气、神，这一静下来，真的感到无比疲倦。

他翻书似的回想着人生的片段，想着曾经的往事和人物，想着父亲的严厉、兄长的敦厚，还有曹家三代的恩遇与信任，还有那些逝去的同僚、久违的朋友。只有在回忆中，他的心情才能得到片刻的宁静，才能在这微寒的秋里，打起精神，直面严酷的冬。

他想见一个人，一位朋友。每到人生的关键时刻，他就会想起他。

这个人就是胡昭。

司马懿知道胡昭现在隐居在洛阳西一百多里之外的锦屏山。他专门派辆安车去请他。安车是一种乘坐比较舒服的车，特别适合老人乘坐。胡昭现在已经八十多岁，老寿星需要享受崇高的待遇。

如果顺利，胡老寿星该到了。

站立一会儿，不胜严寒，他回到病床上安目养神。一个时辰工夫，家臣来报，胡老寿星到了！司马懿兴奋地坐起来，急忙往外迎，却见胡昭依然健步如飞，正面走来。

两人相见甚欢，司马懿倦怠的病体好了一半。

屏退了左右，司马懿把胡昭让到一间密室里，把朝廷的现状、心中的烦恼一股脑儿倒给胡昭。他的一生，最能够信任的，莫过于胡昭了。

胡昭呵呵笑道："我知道你心中已有打算，只是无人可说，让我做你听众罢了。"

司马懿说："我可是真心请教。"

胡昭说："现在这世上，还有谁能敌得过你这老狐狸，还有谁能受得起你的请教呀！"说完，两人一起哈哈大笑。

司马懿又说："不如我们一起写下来，对照一下吧。"胡昭说好。

于是拿过纸笔，两人各自写下四个字。摊开一看，相视而笑。司马懿叫喊下人："快快摆上酒席，我要与老寿星喝两杯。"

原来，两人的纸上写下相同的四个字："忍不可忍"。

两人密谈的时候，朝中大臣和公卿贵族，也都将匡扶朝政的希望寄托在司马懿身上。

从资历上看，司马懿是两代托孤大臣，德高望重。从能力上看，战争方面，司马懿南征北战，功勋卓著，治国方面，曹丕时为魏国后镇，办理朝政有条不紊，处理事务恰如其分。从威望上看，司马懿出身名门，与世家望族往来密切，又贵为太傅，天下无人企及。

有些朝臣向司马懿传递了他们的期盼。

魏明帝临终时给曹爽配备的副手孙礼，与曹爽政见相左，被曹爽打发到扬州任刺史，在与东吴作战中立有战功，被转任荆州刺史、冀州牧。任冀州牧期间，清河、平原二郡为地界争执，孙礼依据曹操时的地图，将争议地判与平原郡。但曹爽偏袒清河郡，下书责备孙礼，孙礼不服，上疏辩解。不想这下得罪了曹爽，曹爽恼羞成怒，弹劾孙礼诽谤重臣，判刑五年。后来很多人为孙礼求情，曹爽也觉得处罚失当，赦免了他，打发他任并州刺史。

上任前，孙礼到家中探望司马懿，坐在病床前，却面带愤怒，一言不发。司马懿问："你被任命为并州刺史，有什么不满意的地方吗？或者还在为分地界的事耿耿于怀？现在就要远别，为什么这样不高兴呢？"孙礼回答："我品德虽然不算高尚，但也不会在意官位高低和陈年旧怨。如今社稷面临危急，天下依旧纷乱，这才是我不高兴的原因！"说罢他泪流满面，继而愤愤地说："我本来认为明公会效仿伊尹、吕尚，匡扶魏室，既报答明帝重托，又成就不朽功名。没想到明公却躲在家里托病避祸。"

伊尹是商朝初年著名的贤相，他协助商汤灭掉夏朝，为商朝建立立下汗马功劳。商汤死后，伊尹又辅佐外丙、仲壬等帝王，到了商汤长孙太甲这一代，太甲不遵守商汤的大政方针，伊尹将他流放到成汤墓葬之地桐宫，代其执政。后来太甲认识到自己过错，决定改恶从善，伊尹便适时将王权还给了他。

吕尚即姜子牙，是周朝的开国功臣。周武王将他分封到齐国，又把他本人留在首都镐京朝中任职，辅佐周成王、周康王两代。其间和周公旦一起，平定"三监之乱""殷东五侯叛乱"，为安定周朝统治立下赫赫战功。

司马懿明白孙礼希望他能举起旗帜，带领大家剪除曹爽。他想起和胡昭共同写的四个字，劝孙礼："不要哭，要忍受不能忍受的事情。"

司马懿告老称病，正是以退为进的策略，目的是麻痹曹爽，等待反转时机。

有点见识的人，都意识到了这一点。

严宪是位寡妇，抚养一对儿女。儿子杜植长大成才，女儿杜韡很有贤德。大学者傅玄死了妻子，向严宪请求娶杜韡为妻，严宪爽快地答应了。有人对严宪说："傅玄与何晏、邓飏不和，何晏、邓飏必定加害于他，如同排山压卵、以汤浇雪一样。"他们劝严宪不要答应这门亲事。严宪自信地说："你们只知其一，不知其二。何晏、邓飏这些人骄横傲慢，必将自取灭亡。司马太傅如同一只睡着的猛兽，正在待机行事。等到卵破雪消时，傅玄必定平安无事。"

羊祜，字叔子，泰山南城（今山东省平邑县）人。这时候羊祜年仅二十多岁，却很有政治头脑。曹爽征辟他和王沈，王沈劝他应命就职，羊祜说："赔上身家性命去侍奉别人，我做不到。"他已经看到司马懿在韬光养晦，而曹爽绝不是对手。

平原人管辂精通相术，一日，何晏、邓飏请管辂卜卦，问："看看我的官位会不会到三公。"又说："近日，连续几次梦见十几只苍蝇，落在鼻子上驱赶不走，是什么征兆？"

管辂说："您掌握重权，身居高位，势如雷电，很多人惧怕您，但真正对您感恩的很少，除非您小心谨慎，多布德行。鼻子，是天庭中的高山。只有高而不危，才能长守富贵。现在苍蝇这样的臭虫云集其上，表示不爱惜自己的高位，乃不祥之兆。这是物极必反、盛极必衰的道理。"管辂告诫："只要损己利人，就会得到众人爱戴，如果为非作歹，必定身败名裂。希望您好好想想卦中的含义，这样就可以做到三公，青蝇自然就散了。"

这些人，都预见到了曹爽一伙的败亡。

曹爽自己也一直忧心着司马懿，司马懿不死，他无法放下警戒的心。

曹爽党羽李胜，由河南尹被提拔为荆州刺史，临行前对司马懿不放心，以道别为名，到太傅府刺探病情。

时序已是深秋，树木在秋风中萧索凋零，或黄叶干萎，或枝叶枯黑，孤零飘摇，瑟瑟发抖。整个太傅府阴森诡异，了无生机。女主人的去世，男主人的病情，让这个豪宅大院充斥着莫名的惶恐。

司马懿二十三岁装病骗过曹操，对于装病这事富有经验，驾轻就熟。现在的情况，必须让曹爽一伙儿对自己失去警惕，才好暗中准备夺权，所以病情装得越重越好。

李胜进来的时候，司马懿躺在床上，大声咳嗽，呼吸短促，上气不接下气，好不容易平息一会儿，嘴角又有一丝口水流了下来，老人却浑然不觉。一旁的婢女手忙脚乱，应付不暇。

李胜向太傅问好，告诉太傅："我要到本州任刺史，特来拜辞太傅。"李胜是荆州人，称自己家乡为本州。司马懿瞪着一双无神的眼睛，嘴角刚擦干净，新的涎水又垂了下来。他喘着粗气，上气不接下气地说："好啊，你到并州任刺史，这里离胡人近，要注意边疆守备。我年老病重，不能给你什么帮助。你这一去，以后不知道还能不能见面，儿子司马师、司马昭，就拜托你关照了。"一段话没有说完，涎水淌了一地。

李胜去的是"本州"，司马懿故意说成"并州"，以显示昏聩混乱。

李胜说："我是回本州，非并州。"司马懿回答："哦，你是刚到并州。"司马懿依然装聋卖傻。

李胜只好又解释道："是回荆州。"他知道"本州"和"并州"是绕不过来了，只好明说荆州。

这一下司马懿听清楚了，说："原来是荆州呀。年纪大了，耳朵也不管用，误会你的意思了。你正值壮年，如今回家乡任职，好好干，一定会大有作为。"

可能是司马懿感到有些凉意，让两个奴婢给他拿衣服来，奴婢把衣服递了过去，司马懿无力拿住，衣服顺着手滑下，散落地上。他又指着自己的嘴，表示渴了，奴婢给她端来稀粥，司马懿也不接碗，直接把嘴凑了过去，顷刻间，粥顺着胡须流了下来，弄得衣服上黏糊糊、湿漉漉的。

看着糟老头又脏又痴，李胜感到一阵恶心，直想呕吐。他又装模作样关心几句，匆匆告别离开太傅府。

司马懿恢复精神，从床上起身，来到院外，望着天际的一朵阴云，喃喃地说："年轻时装病，连武皇帝都没能识破，李胜你个后生，跟老夫玩心思，还差得太远。"

有了这次试探，曹爽一伙认定司马懿确实已病入膏肓，不久于人世。李胜说："司马懿苟延残喘，只剩下无用的躯壳，魂魄早已归天去了。"几个人得意地哈哈大笑。

第八章

致命一击：斩尽杀绝

山雨骤来，黑云压城

李胜放心地到荆州上任去了，留在京师里的曹爽更加肆无忌惮，整日游冶放荡。每次出游，还要带上亲信和兄弟，包括中领军曹羲、武卫将军曹训、散骑常侍曹彦等。这些兄弟掌管禁军，倾巢而出，城内就成了势力真空。

大司农桓范勘破其中玄机，对曹爽说："你们兄弟掌管禁军，控制着朝廷命脉，不能一起出城。万一发生兵变，关闭城门，城里没有人照应，怎么进城呢？"

桓范，字元则，沛国（治今安徽濉溪）人。他与曹爽二人是同乡，曹爽平日对他礼遇有加。不过，桓范是清廉节俭的大臣，与曹爽那些急功近利的亲信们不可同日而语，不能划归他们的小集团。

曹爽以为司马懿已经奄奄一息，世上已无可担虑之人，对桓范说："大司农多虑了，谁敢做这样的事！"

殊不知，司马懿装病，正是为了麻痹曹爽，让他失去警惕。司马懿的心中，正策划着一场巨大的阴谋，就是要通过政变，夺回失去了的辅政权力。

现在，时机已到，司马懿焕发起精神，开始夺权前的准备工作。

首先需要先得到大臣们的支持。曹爽笼络小集团，恰恰得罪了朝中大多数官员，特别是那些有威望、有势力的世族们，司马懿刚好在世族圈具有天然的同盟基础。

曹丕之后，因为九品中正制，取得世族支持，曹魏政权才稳定下来。但是，九品中正制与世族的理想还有一定的距离。

汉代爵位制，分帝、王、公、侯四等，四等中，异姓只能得到侯爵封号，其他三级被皇族垄断。世族的理想，是恢复古代帝、王、公、侯、伯、子、男七等世袭制度，其中公、侯、伯、子、男五等分封给贵族，这种分封等级制，被称为“五等制”。世族出身的董昭、司马朗，都是五等世袭制的积极倡导者，但这种要求始终没有被曹魏政权采纳。司马朗早死，董昭在曹操、曹丕朝都没有受到重用。曹叡即位后，善于处理和平衡世族利益，他重用陈群、司马懿，并让司马懿掌握兵权，将坚持五等制的董昭提拔到“三公”的高位上。这时期，世族势力得到发展，曹魏皇族与世族相处还算和谐。

曹爽辅政，打破了这种平衡，引起世族普遍不满。司马懿利用这一矛盾，拉拢失意的世族和被曹爽疏远的朝中大臣。

当时的“三公”为太尉蒋济、司徒高柔、司空王凌，其中王凌督军扬州，防御东吴，远离朝廷。司马懿重点联络拉拢蒋济和高柔二人，取得这些元老重臣的支持。另外还有太仆王观也坚定地站在司马懿一边。太仆是制作弓箭刀甲的官员，九卿之一，还负责服务皇宫里的杂活，对皇宫事务比较了解。

司马懿还需要得到皇族的支持，这样行事才名正言顺。小皇帝曹芳受曹爽控制和蛊惑，不可能站在他这一边。司马懿争取的对象是郭太后，他们一直是同盟军，对曹爽恨之入骨，有共同的政治诉求。

这时，司马懿的两个儿子司马师和司马昭都已成熟，在军中有一定地位，是可以依赖的核心力量。长子司马师，为中护军，虽然权力被剥夺不少，但手下还领有士兵一千多人。次子司马昭任散骑常侍，是皇帝的侍从，皇帝的动向都在他的掌握之中，正好用来通风报信，获取情报。

对于政变来说，一千士兵太少了。司马懿早有准备，他在老家温县秘密修建了转兵洞，这转兵洞，属于地下军事工事，洞长二十里，宽约二丈有余。司马懿秘密招募三千死士，由司马师派心腹干将在转兵洞里训练士兵，这部分战斗力极强的士兵，算是司马家的私人武装。

汉魏时期，对将军私人领兵数量都有严格限制，擅自超越规定数量，等同谋反。所以司马父子只有把转兵洞修在百里之外的家乡，才能保守住这件秘密武器。

一切准备就绪，万事俱备，只欠东风。

这一天终于到来。

公元249年，魏正始十年，司马懿得到消息，正月初三，皇帝要到城外拜谒魏明帝曹叡陵寝，曹爽兄弟随从前往。司马懿决定在这一天动手，消灭曹爽势力。

这一天，司马懿在“病床”上等待了二十一个月。

明帝陵寝叫高平陵，距洛阳城南一百里，在霸陵山下，杜康河畔，这里古朴宁静，风景秀美，人们怎么也不会想到，很快这里将迎接一场腥风血雨。

初二晚上，一切准备就绪，单等皇帝离京，一声号令，一场改变历史走向的政变就会拉开帷幕。司马懿认真地思考着每一个细节，又派人去观察两位公子情况。不一会儿，派去的人回来报告：“大公子安然入睡，二公子辗转反侧。”司马懿心想：师儿确有将帅之大气，昭儿到底年轻几岁，还需要历练。

这一年，司马懿七十一岁，司马师四十二岁，司马昭三十九岁。

初三，早晨。

曹爽率领曹羲、曹训、曹彦等，陪同皇帝出城，一行人浩浩荡荡向南而去，身边只带有少量侍卫。

銮驾刚一离京，司马懿便以迅雷不及掩耳之速，加紧行动。

一是控制皇宫。派兵把守住皇宫正门司马门。

二是由司马师亲自带兵，进入皇宫，“守卫”皇帝和皇太后寝宫。

三是自己亲自面见郭太后，请旨支持这次行动。郭太后一来与司马氏关系密切，二来大兵就在屋外，焉能不准？

四是根据皇太后懿旨，关闭洛阳城门，任何人不得出入。

五是占领武器库，为兵变士兵配备精良的武器。

六是根据皇太后懿旨，任命司徒高柔假节、行大将军事，接管曹爽直属军队；任命太仆王观行中领军事，接管曹羲的禁卫军。

七是司马懿亲自率军，出洛阳城南，屯兵洛水北岸，阻止曹爽入京。为了壮胆、壮势，他拉太尉蒋济陪同压阵。蒋济在朝中一直与司马懿关系很好，如今既然上了这条船，只能硬着头皮走下去。

这七件事，一气呵成，有条不紊，乃司马懿精心策划之作。唯一出点意外的是，政变一开始，曹爽府得到消息，迅速采取应对措施。曹爽夫人刘氏亲自动员，曹府所有士兵登上门楼，拿起武器，开展自卫。司马懿去占领武器库时，路过曹府。曹爽帐下一名将领叫作严世，引弓搭箭，要射司马懿，另一将领孙谦拉扯他的衣袖，说：“世事难料，下一步局势还不知道怎么发展，没有必要这样。”两人反复多次，箭始终没有射出去，司马懿逃过一劫。

这位孙谦，是司马懿早已打进曹府的楔子，还是随机应变，不得而知。不管怎样，曹爽府内之人，关键时刻给自己留后路，丝毫没有忠诚度，单凭此，曹爽焉能不败！

亮出肌肉，亮出獠牙利齿

司马懿完全控制了洛阳城，政变得到朝中大多数人的支持，但还是有人想方设法逃到城外，投奔曹爽。

这个人就是桓范。

桓范一开始没打算去投奔曹爽，司马懿也没有将桓范纳入曹爽一党。因为桓范也出身大族，为政清廉，通晓事理，才学高卓，明帝时做过中领军，司马懿以为桓范会帮着自己，于是召他为中领军掌管禁军。桓范有意赴召，但他的儿子阻拦说："天子车驾在城外，司马太傅这分明是在谋反！谋反是不会长久的，应该去追随圣上！"桓范听着有道理，深重的儒家教育让他无法背负篡逆的罪名，犹豫再三之后，选择了出城。

司马懿已经下令关闭城门，任何人不得出入。然而洛阳城平昌门的守门将司蕃，是桓范举荐过的部下。桓范从平昌门外出，举起上朝时用的笏，对司蕃说："这里有太后的诏令，请快开门。"司蕃说："请让我验视诏书。"桓范斥责道："你是我过去的部下，怎么对我如此无礼！"司蕃不敢违拗，只得给他开门。桓范跑出城外，回过头对司蕃喊道："太傅造反了，你快跟着我离开这里。"司蕃大惊，想追赶桓范没有追上，只好在路边躲藏起来。

得知桓范出城，司马懿对蒋济说："智囊投奔曹爽去了。"蒋济说："桓范固然多智，但劣马贪恋马房的豆料，曹爽顾恋家室和富贵，一定不会采纳他的计谋。”

正因为桓范投奔了曹爽，太仆王观才得以行中领军事。

出城追随曹爽的还有大将军府司马鲁芝、大将军府主簿杨综、大将军府参军辛敞。得到政变消息，他们率领一队人马冲出洛阳城西门——津门，同曹爽会合。

现在来看看司马懿和曹爽双方的对阵形势。

司马懿一方，主要号召力来自郭太后，主要帮手有蒋济、高柔、王观，目前只有少量侍卫军。曹爽一方，主要号召力来自皇帝曹芳，主要帮手有曹羲、桓范，掌握了京师的所有兵权。

从号召力看，皇帝是帝国正统，况且曹芳已经十八岁，曹爽一方明显强于司马懿。

再对比一下双方的帮手。司马懿的帮手高柔、王观是怎样的人呢？

高柔，字文惠。陈留圉（今河南杞县南）人，从县令做起，先后任尚书郎、丞相理曹掾、颍川太守，一直做到九卿、三公。他明于法理，固守法制，也有智慧。关中被马超、韩遂等割据时，名义上归顺汉室，实际上不听号令。曹操派钟繇路过关中去攻打汉中的张鲁，高柔认为必然惊动马超、韩遂，他们会认为假虞伐虢，受到威胁，这是逼他们公开叛变。曹操没有听高柔的，马超、韩遂果然造反。

司马懿借太后诏令，任命高柔行大将军事后，司马懿对高柔说：“你就是周勃呀！”周勃是西汉开国将领、丞相，在随刘邦争夺天下时，击赵贲，败章平，围章邯，屡建战功。汉朝建立后，讨伐韩信叛乱有功，升为太尉。刘邦死前预言“安刘氏天下者必勃也”。果然，刘邦死后，吕氏专权，周勃与陈平一举谋灭吕氏诸王，拥立汉文帝。

司马懿把高柔比作周勃，希望高柔像周勃平叛韩王信、诸吕一样，安定社稷。

王观，字伟台，东郡廪丘（今河南范县东南）人。王观公正刚强，原任少府，管理皇室物品。曹爽曾命张达把国家建筑用的木材挪为己用，王观知道后不畏权势，将张达免职。曹爽忌惮王观，想办法把他调离少府，任太仆。司马懿曾经推荐过王观，奏请明帝曹叡让王观担任从事中郎，后升任尚书，又出任河南尹，转任少府，算是对王观有知遇之恩。

再看桓范，虽然被司马懿称为"智囊"，但也有儒生的通病，比如为人狷介，特别看重面子，办事呆板，缺乏灵活变通。

桓范跟高柔、王观比较，能力并不见得更强。

从兵力上比较，目前来看，司马懿一方控制的兵力明显占优。但魏国各州刺史都掌管有一定军队，关中、扬州、荆州更是精兵屯聚之地，这些帝国之师，理应为皇帝而战。不过，司马懿在军中盘踞多年，关中军队是他的大本营，督荆、豫军队的王昶，曾受司马懿推荐，其他刺史、将军各有枝节，一旦开战，情况可能比较复杂。

最重要的还是双方主帅。司马懿久经沙场，老谋深算，曹爽显然不是对手。

事态的发展，显示了双方主帅的差距。

司马懿写了封奏章，上报皇帝曹芳，先是回忆先帝曹叡托孤时的情形，说："先帝在御床前拉着臣的手臂，深为后事忧虑。我说：'太祖和高祖也曾把后事托付给臣，这是您亲眼所见，没有什么可忧虑担心的。万一发生不如意的事，我当誓死执行您的诏令。'"

接着，司马懿历数曹爽罪状："如今大将军曹爽，背弃作为顾命大臣的职责，败坏国家法律。对上僭越君权，比拟皇帝，对下专横跋扈，独断专行。他破坏军队制度，一个人把持禁军；要害部门的官职，都安置他的亲信担任；宫殿上的宿卫士兵，也都把老人员调离，换上他自己的人。皇宫之内，派自己的心腹宦官张当监视陛下行动，窥伺皇帝宝座。离间陛下和太后的关系，伤害骨肉感情。这些人勾结盘踞，肆意妄为，一天比一天过分。天下动荡，人心惶恐，陛下坐在皇位上，怎么能长久！这绝不是先帝临终诏令陛下和臣到御床前的本意。”

最后，司马懿向皇上通报了当前的局势：“太尉蒋济、尚书令司马孚等，都认为曹爽有蔑视君主之心，他们兄弟不适合再掌管侍卫军队。我把自己的想法奏明皇太后，太后同意按臣的意见实行。臣已传敕令告诉主事官员和黄门令，要求免去曹爽、曹羲、曹训官职，剥夺他们兵权，以侯爵的身份返回自己的家宅，不得逗留以阻挠陛下车驾。如果胆敢稽留陛下车驾，定以军法处置。臣率兵驻扎在洛水浮桥，观察他们有什么不轨行为。”

这奏章，有情理，有威胁，既是请命，又是亮肌肉。陈列曹爽罪状，有冠冕堂皇的理由，拿先帝和太后压制皇上，也有不可动摇的决心。

奏章自然先传递到曹爽手里，曹爽看后，也才知道，司马懿尸居余气，都是伪装的。而如今，司马懿一手导演了洛阳政变。

犹如风雷突发，他不敢将奏章呈送皇帝，却也手足无措，不知如何是好。

洛阳城既然回不去，曹爽便命就地扎营，令侍卫队砍伐树木，一端做尖，架起栅栏。古代作战，这样的栅栏可以防御战马突袭，称为“鹿角”。高平陵周围有一些守陵和屯田的士兵，把他们召集过来，有一千多人，防守自卫。

司马懿虽然发动政变，但矛头不敢对准皇帝，派人给皇上送来帐篷、食具和日常生活用品。

洛水为誓

这时，桓范赶到了曹爽兄弟身边。曹爽急问桓范该怎么办，桓范给他们指明道路：去许昌！

许昌是汉献帝时国都，曹魏篡国后，建都洛阳，许昌成为陪都。许昌乃曹魏发祥地，在这里有深厚的根基。

桓范说："许昌城防坚固，只要顺利到达许昌，司马懿一时难以攻破城池，何况，皇帝在许，他们投鼠忌器，必然不敢大规模进攻。稳定下来后，发挥皇帝的号召力，勒令天下勤王，凭洛阳兵力，怎么能同天下抗衡！"

他又进一步分析："你们不要犹豫，许昌有兵器库，可以武装军队。大司农的印信在我身上，凭这个可以调集粮草！"

桓范的谋略具有可行性，当然会有一定风险，但成功的概率还是很大的。许昌有三个优势，可供皇帝和曹爽避难：一来许昌祥瑞，可扭转运势；二来许昌城防巩固，粮草充足，易于防守；三来便于号召天下，对司马懿形成反攻之势。毕竟社稷姓曹，魏国军队理所应当听从皇室指挥。

皇帝在侧，当年曹操就是挟天子以令诸侯，才得以平定天下，如今皇帝车驾在此，这种优势只要发挥好，天下翘首，司马懿焉能不败！

这无疑是曹爽兄弟唯一的机会，他别无选择。

然而曹爽兄弟心里挣扎的，却不是如何战胜司马懿，而是要不要向司马懿投降。司马懿上疏里的一句话："要求免去曹爽、曹羲、曹训官职，剥夺他们兵权，以侯爵的身份返回自己的家宅。"这句话打动了他们，既然仍为侯爵，就可以继续花天酒地、荣华富贵。

俗话说"置之死地而后生"，司马懿机智地给曹爽弟兄留了条后路，瓦解了他们的斗志。曹爽兄弟内心在犹豫，到底有没有必要甘冒身家性命的危险去和司马懿抗争。

桓范从反面论证，试图让曹爽兄弟彻底放弃投降与和解的幻想："像你们这样的出身，这样的地位，这样的权势，想回头过普通人的日子，怎么可能！如果你们放下武器，司马懿是不会放过你们的！"

军司马鲁芝、主簿杨综等也对曹爽苦苦相劝："将军位比伊周，是首席辅政大臣，一旦获罪，连遛狗的自由也没有，更不用说继续做统领！如若挟天子驾临许昌，倚仗帝王威仪，号令天下，谁敢不从！为什么要放弃这些有利的条件，自己选择去刑场呢？"

但是，关键时刻，曹爽兄弟缺乏果断的气魄，他们依然举棋不定。这时，司马懿不失时机地又抛来了橄榄枝。

为了促成曹爽投降，司马懿派来使者，向曹爽捎话，再次重申，只要交出权力，放下武器，生命、荣誉、爵位、家产一切如故。使者还煞有介事地带来蒋济的亲笔信，作为担保人，保证曹爽兄弟生命安全。

接着，司马懿又派平日同曹爽关系比较密切、深得曹爽信任的校尉尹大目前来当捎话，太傅对着洛水发誓，决不违背允诺的条件。

曹爽彻底动摇了。经过一个晚上的痛苦煎熬，第二天凌晨，他终于下定决心，把手中的刀掷到地上，说："司马懿不过是要我的权力，我回归侯府，还是一个富家翁！"说完，浑身释然，决定投降。

桓范没有想到曹爽兄弟如此懦弱，他顿足痛哭，骂曹爽兄弟道："曹子丹（曹真）何其英勇，却生了你们这些猪狗不如的东西！我瞎了眼睛，居然投奔你们，为自己招来灭族之祸。”

最让人痛苦和无奈的，是明明有条前途无限的金光大道，却身不由己，只能跟随庸碌懦弱之人，一步步地跌足悬崖。

儿子劝桓范投奔曹爽，一误桓范；曹爽兄弟缺乏远识和勇气，再误桓范；桓范虽然有智，但不了解人心，看不透人性，最终自己误了自己。

八百年后，宋人苏东坡杂说史论，把桓范追随曹爽与陈宫追随吕布并提，有一段极妙的论述：

> 司马懿讨曹爽，桓范往奔之。懿谓蒋济曰：“智囊往矣！”济曰：“范则智矣，驽马恋栈豆，必不能用也。”范说爽移车驾幸许昌，招外兵，爽不从。范曰：“所忧在兵食，而大司农印在吾许。”爽不能用。陈宫、吕布既擒，曹操谓宫曰：“公台平生自谓智有余，今日何如？”宫曰：“此子不用宫言，不然未可知也！”仆尝论此二人：吕布、曹爽，何人也？而为之用，尚何言智！臧武仲曰：“抑君似鼠，此之谓智。”

苏东坡认为，桓范不了解曹爽是什么样的人，为他们所用，怎么能算得上有智慧呢！他认为跟着像老鼠一样狡猾的君主，才能使自己的聪明才智尽情发挥，这才算得上“智”。

智慧不仅在于谋略，还在于有识主之明。

桓范纵然有回天之力，曹爽却无振奋之心。

曹爽把司马懿的奏章交给皇帝，请求皇帝下诏免除自己的一切职务。同时派人向司马懿谢罪请死，把大将军印绶一并送与司马懿。

主簿杨综扯住印绶哭道：“主公今日舍兵权自缚去降，不免东市受戮尔！”曹爽说：“太傅肯定不会失信于我。”

时至今日，曹爽还没有认清司马懿的真面目。兵法云：“知己知彼，百战不殆。”曹爽既不能把控自己的欲望，又不了解对手的性格品质，焉能不败！

司马懿准许曹爽陪皇帝曹芳回到宫中。正月初四，皇帝在宫中同太后相见，结束了两天风餐露宿的生活。

洛阳政变，因为缘于曹爽和皇帝拜谒明帝寝陵高平陵，又称“高平陵事变”，又因为发生在曹芳正始年间，所以还称为“正始事变”，政变以司马懿兵不血刃大获全胜告一段落。

冰冻三尺，非一日之寒，司马懿之所以能够轻松取得政变成功，与长期在行政和军队中积累的威望是分不开的，与曹爽长期飞扬跋扈、尽失人心也是分不开的。当然，最直接的原因，是曹爽给了司马懿机会。正如桓范所言，曹爽兄弟掌管禁军，控制着朝廷命脉，只要不离开禁军，司马懿政变根本无从下手。

司马懿一生谨慎，对曹操、曹丕、曹叡三任君主尽心尽力，不敢有非分之想。这次政变，是司马懿的主观愿望，也是被迫而为，许多大臣都有这样的政治要求。政变过程中，司马懿自始至终把太尉蒋济放在身边，表明他内心的不安和惶恐。

洛阳政变是在郭太后支持下开展的，这既是斗争的艺术，也是为了显示政变的合法性。

整个政变过程中，没有任何资料显示皇帝曹芳的反应。是年曹芳十八岁。小皇帝多大年龄亲政，虽然没有明确规定，但对于正常人来说，十八岁已经有成熟的思想和是非判断能力，在这样重大的历史事件中，处于核心位置的皇帝“缺席”，任由两位辅政大臣左右和摆布，只能说，曹芳确实是一位平庸的皇帝。

公开审判

虽然得到司马懿“以洛水为誓”的承诺，曹爽心里仍忐忑不安。交出权力，人为刀俎，我为鱼肉，曹爽永远放弃了所有钳制司马懿的力量。

回到洛阳，司马懿就撕下温情脉脉的面纱，露出其出尔反尔、心狠手辣、斩尽杀绝的真面目。

回到自己的宅院，曹爽发现，这里早已戒备森严。司马懿安排八百兵士密布四周看管曹府，任何人不得随意出入，曹爽就这样被软禁起来。更让他不舒服的是，在曹府的四个角，分别建起角楼，士兵们站在楼上，把曹府内情形观察得一清二楚，曹爽和家人的一举一动都处在司马懿监控之下。

一个习惯优游享乐的公子，忽然失去人身自由，心里感到窝火和难受。曹爽愁闷无聊之中，拿个弹弓去宅府后园打鸟，没走几步，角楼上监视的士兵大喊：“故大将军东南行！”弄得曹爽心烦意乱，不知所措。

曹爽在自己家里，动也不行，走也不是，坐卧难安。他不知道司马懿打的什么算盘，打算怎样处理他，“洛水为誓”到底算不算数，于是想个办法，试探司马懿。

他给司马懿写信说家里快断炊了，请求拨付一些粮食。按曹爽的考虑，如果司马懿答应他的请求，说明不会置他于死地，如果不管不问，就危险了。结果，司马懿如期送来食品，比请求的品种更丰盛、更充足。司马懿还客客气气地给曹爽写了一封信，表示对曹爽关心不够，不知道曹府缺粮，云云。曹爽这才安下心来。

但是，被软禁的曹爽不可能知道，司马懿正在整理曹爽叛逆的黑材料，在证据完善之前，不会轻易对他们下手。

司马懿的突破口是黄门张当。黄门是对宦官的称呼，张当就是把后宫才人送给曹爽，为其歌舞淫乐的宦官。之所以选择从张当处突破，因为张当接近皇帝，供出的罪一定是篡逆之类的大罪；再者，作为宦官，在朝中没有势力，没有人同情，办案一般不会受到干扰。

司马懿在给皇帝曹芳的奏章中指责张当受曹爽指使，监视皇帝，窥伺皇位。

司马懿安排卢毓审讯张当。

卢毓，字子家，范阳郡涿县（河北涿州市）人，曾做过黄门侍郎、国相郡守、侍中、吏部尚书等职。他出身儒门，很有学问，为人耿直。他曾上疏论述科律法制的宗旨，认为律法不能任意解释，使奸吏有隙可乘，宽容罪情。他还曾多次与明帝曹叡辩论，曹叡称赞他“秉性贞渝，心平体正”。曹爽辅政后，排挤卢毓，不愿他涉足人事选举，把他从吏部尚书调任尚书仆射，又转任廷尉，再迁光禄勋。

卢毓精通律法，又与曹爽有隙，是办理曹爽案的最佳人选。司马懿奏请皇上加卢毓行司隶校尉职权，主持案件调查审理。司隶校尉是主管监察的官，权势很大，曹操、张飞、诸葛亮等都曾担任过司隶校尉。

卢毓果然不负众望，很快从张当口中挖掘出有价值的证据材料。

张当供认：曹爽与何晏等亲信，组成党团，阴谋造反叛逆，并定下日期为三月中旬。

有了这样重量级的罪状，于是下令，逮捕曹爽、何晏、邓飏、丁谧、李胜、毕轨以及桓范等，打入大牢。

至于如何处置这些人，司马懿为显示公平公正，建议皇帝进行“廷议”。所谓“廷议”，就是召集“三公九卿”、司隶校尉、尚书令等朝廷重臣公开讨论裁决。汉魏之时，有大事要事，或者难决之事，通常会进行廷议。司马懿建议通过廷议处置曹爽，一来对廷议结果有信心，二来可以为推翻“洛水为誓”找借口，三来免得别人说三道四，四来也是为了堵上皇帝的口，避免以后翻案。

廷议上，众大臣众口一词，纷纷控诉曹爽集团种种忤逆行径，声讨其罪行，一致要求严惩逆党，廓清朝政。

廷议形成文字记录，曰：

《春秋》之义，君亲无将，将而必诛。爽以支属，世蒙殊宠，亲受先帝握手遗诏托以天下，而包藏祸心，蔑弃顾命，乃与晏、飏及当等谋图神器。范党同罪人，皆为大逆不道。

大意是：《春秋》这本书的宗旨，就是对君主和父母不能有歹意，否则必须诛灭。曹爽是皇室宗亲，世世代代蒙受特别的恩宠，接受先帝遗诏，将天下托付给他。但是他却包藏祸心，蔑视和抛弃先帝遗诏，与何晏、邓飏以及张当等人图谋社稷。桓范和罪人同伙，都属大逆不道。

“图谋神器”“大逆不道”是廷议定下的罪名，在古代，谋反是第一大罪，罪不容赦。有了这罪名，曹爽等人不仅要被诛杀，而且要夷三族。

“三族”指父族、母族、妻族。罪犯的父母子女兄弟，以及外公外婆舅姨、岳父母妻兄弟，无论男女老少，都在被杀之列。

司马懿对曹爽斩尽杀绝，残暴冷酷，连蒋济都看不下去了。蒋济向司马懿求情，希望能够留下曹爽兄弟性命，说：“曹真是社稷功臣，不应该没有后人祭祀。”但是被司马懿断然回绝。

蒋济曾经为曹爽担保生命安全，现在才认清司马懿翻手为云、覆手为雨的政治手腕，一方面愧对已故大司马曹真，一方面愤恨司马懿出尔反尔，不久郁郁而死。

被灭三族的有曹爽兄弟、何晏、邓飏、丁谧、李胜、毕轨、桓范、张当八家。何晏娶曹操女儿金乡公主，金乡公主母亲杜夫人和何晏母亲尹夫人苦苦哀求，金乡公主与儿子没有被杀。

桓范家族中，不知何故有男丁侥幸逃脱，其后代在东晋声名显赫。桓温战功累累，独揽朝政十余年，废立晋帝。桓温之子桓玄，更是逼晋帝禅位于自己，使晋朝国祚一度中断。司马懿杀桓范，桓氏后代乱司马政权，也算是因果轮回吧。

同样投奔曹爽的鲁芝、杨综、辛敞，却没有受到司马懿追究。

鲁芝家族是关中大户，曾为雍州刺史郭淮别驾，帮助抵御西蜀入侵，因为才能突出，被郭淮推荐给大司马曹真。曹真去世后，司马懿接替督雍州、凉州军事，鲁芝又跟随司马懿，后被委任为天水太守，颇有政绩，深得司马懿赏识。

鲁芝和杨综出城投奔曹爽时，招呼辛敞同去。辛敞是辛毗之子，时任大将军府参军，他拿不定主意，求教姐姐辛宪英。辛宪英是魏晋有名的才女，辛宪英为弟弟分析道：“曹爽与太傅共同受明帝托孤，辅佐幼帝，然而曹爽擅政专权，奢侈骄横，这是对王室不忠，于道理不通。太傅关闭城门，不过是要诛杀曹爽罢了。”辛敞又问：“太傅能成功吗?”辛宪英说：“曹爽不是太傅的对手。”辛敞说：“既然这样，我就不出城营救了。”辛宪英驳斥道：“怎么能不去呢！恪尽职守是人应有的大义！一般人有难，尚且应该救助，何况你是大将军部下。为人做事，就要为人效命，这是职责所在。弃之不管，是不吉利的。你只要随大流就行。”

当有人主张诛杀鲁芝、杨综、辛敞时，司马懿说：“他们本身是大将军府的人，各为其主没有什么错误，应该赦免。”

大将军府其他官员，只要愿意同曹爽划清界限的，一律不予追究。经过甄别，曹爽故吏王浑、裴秀、王沈、卢钦等都被起用，后来，这几个人都成为魏朝和晋朝的名臣。

王浑，字玄冲，太原晋阳（今山西太原）人。王浑后来成为晋朝灭吴的主要将领之一，官职一直做到司徒。

裴秀，字季彦，河东闻喜（今山西省闻喜县）人。裴秀是五等爵位制的积极推进者，被封公爵，官至司空。裴秀还绘制过《禹贡地域图》，开创了中国古代地图绘制学，被称为“中国科学制图学之父”，对历史发展做出了突出贡献。

王沈，字处道，王浑堂弟。王沈被赦免后，成为司马氏的死忠。后来司马懿次子司马昭擅权，魏帝召集王沈等人，打算除掉司马昭，王沈竟卖主求荣，向司马昭告密，导致魏帝被杀。王沈的历史贡献之一是和阮籍等人撰写《魏书》，南朝裴松之注《三国志》时，引用了其中很多资料。

卢钦，字子若。范阳郡涿县（今河北涿州）人。卢钦是卢毓的儿子，晋朝建立后，官至吏部尚书。

对敌对阵营进行分化处理之后，司马懿又奏请皇帝，对有功之臣给予赏赐。

中护军司马师，晋封长平乡侯，升任卫将军。卫将军在地位上仅次于骠骑将军和车骑将军，高于前、后、左、右将军，属二品官阶，高于九卿。最为关键的是，卫将军是防卫部队的统帅，总领京城各军，由司马师任卫将军，整个京城都在司马懿的军事控制之下。

散骑常侍司马昭，晋位为安西将军、持节，屯兵关中，调度诸军；不久，因战功，转为安东将军，镇守许昌。

太尉蒋济，爵位从亭侯晋封为乡侯。蒋济坚辞不受，皇帝不许。

司徒高柔，同蒋济一样，爵位由亭侯晋封乡侯。

太仆王观，过去没有爵位，这次被封为关内侯。关内侯是虚封，仅有封号，没有食邑，不享受农户的租税。

通过恩威并施，司马懿彻底控制朝政，魏帝曹芳，由曹爽的傀儡，沦落为司马懿的提线木偶。

第九章

人生终点：权力巅峰

他们要推翻庸帝强臣

封赏了功臣，皇帝也没有忘记政变的总指挥——司马懿，晋封司马懿为丞相，封邑增加颍川郡的繁昌、鄢陵、新汲、父城四县，共一万户，这样司马懿的封邑达到八个县，计两万户。政治待遇上，除了原有的“剑履上殿、入朝不趋、赞拜不明”外，又增加了“奏事不名”，意思是群臣在朝堂上奏事时，不得直呼他的名字。

东汉以来，为防止权力过于集中，朝廷不设丞相，一直到曹操，才打破惯例，成为东汉唯一的丞相。

丞相，其实是皇帝对权臣的无奈。

司马懿一贯谨慎务实、不慕虚名，他知道“丞相”这顶帽，会招惹很多嫉妒、猜疑和仇恨，于是坚辞不受。

他向朝廷上疏说：

臣受先帝顾命，深感责任重大。剪除奸凶，凭借的是皇室的天威，我自己的功劳可以忽略不计。“三公制”是圣王定下的制度，是朝廷的礼仪规范。现在三公齐备，让臣出任丞相，违反了祖宗规矩，臣不能接受。如果臣接受了，天下会把臣看作什么样的人！

反复推让多次，司马懿最终没有接受这一任命。

大概是慑于司马懿的威严，皇帝曹芳内心不安，于这年的十二月，又变换花样，决定加司马懿九锡。九锡就是赐给臣下九样礼器，锡，同“赐”。这九样礼器，分别是车马、衣服、乐县、朱户、纳陛、虎贲、斧钺、弓矢、秬鬯，虽不是珍宝奇玩，却代表着最高皇权，具有象征意义。比起做丞相，加九锡更引人注目。

这一次，司马懿依然坚决地推辞掉了。司马懿上疏说：加九锡是历代异常之事，不是后世君臣应该仿效的。

掌握了朝政大权，司马懿要拨乱反正，在政治上有一番作为。于是下令向百官征询治国方略。

王昶，字文舒，是王浑的父亲，王沈的堂叔。王昶是一位有思想的政治家、军事家，曾写过《治论》和《兵书》，论述治国和战争方略。

王昶针对吏治向朝廷提出五项改革建议：一是尊重儒教，鼓励学业，让世家子弟入校学习；二是设立考评制度，制定标准，通过一定的标准衡量官员优劣，决定升降，减少主观因素；三是官员不要频繁更换位置，以便能客观地彰显政绩；四是增加官员收入，高薪养廉，教育官员荣耻，不和百姓争利；五是倡导节俭，杜绝奢侈，官员按级别着装，做到上下有序。

王昶的改革措施和司马懿政治理念刚好合拍，得到褒扬。皇帝下诏命王昶修撰百官考评办法。

除了政治改革，司马懿也加强了对军事上的控制。

督荆、豫军事的是王昶，司马懿很放心。

督雍、凉军事的是征西将军夏侯玄，字太初。夏侯玄的父亲是故征南将军夏侯尚，母亲是曹爽的姑姑，胞妹夏侯徽嫁于司马师，与司马懿、曹爽都是姻亲。夏侯玄曾受曹爽提拔，并和曹爽一起策划了失败的傥骆伐蜀战争，司马懿对他不放心，调他回朝任大鸿胪，掌管宾礼，剥夺了他的军权，让自己的老部下郭淮代替了夏侯玄。

夏侯玄的堂叔夏侯霸，是夏侯渊的次子，在夏侯玄部下任征蜀将军，素与郭淮不睦，担心受到牵连。他劝夏侯玄不要回朝，一起投奔蜀汉，夏侯玄不听。于是他只身降蜀，受到蜀汉重用。

督扬州军事的是司空王凌。没有等司马懿动手，王凌先反了。

王凌，字彦云，太原祁（今山西祁县）人，其叔父是汉末设计诛杀董卓的司徒王允，是演义中貂蝉的义父，系列绯闻的始作俑者。王允主谋刺杀董卓后，被董卓部将李傕、郭汜杀害，混乱中王凌逃回老家太原。他年轻时，举孝廉为官，得到曹操赏识，被任命为丞相府掾属。

曹丕称帝后，任散骑常侍，出任兖州刺史。在曹丕征伐东吴时，王凌随军，有战功，被封为宜城亭侯加建武将军，后转任青州刺史、扬州刺史、豫州刺史。王凌还参加过曹休与陆逊的石亭之战，拼死突围，使曹休得以撤退。

任扬州刺史期间，与征东将军、督扬州军事满宠不和，向朝廷告状，说满宠年老力衰，言行荒谬，不堪大用。曹叡将满宠召入朝中，见满宠身体康健，知道是王凌诬告，又要求满宠恢复原职。

曹芳即位后，吴国来犯，王凌击退了吴将全琮的进攻。

王凌一生，虽不比司马懿，但也算战功赫赫。曹爽专权时，笼络王凌，任命他假节、都督扬州军事，先后迁征东将军、车骑将军，并掌司空。

司马懿从来没有与王凌共过事，对他不太了解，曾经问蒋济："王凌的才干如何？"蒋济回答道："王凌文武俱赡，当世无双，其子王广志向能力，有美于其父。"司马懿对王凌不敢小觑，一直怀着戒心。但表面上积极笼络，在蒋济死后，提升他为太尉，假节钺。

曹爽被诛，王凌对司马懿不满；夏侯玄被剥夺军权，王凌又担心危及自身。

王凌外甥令狐愚，曾任曹爽大将军府长史，后被曹爽调任兖州刺史，也握有重兵，驻扎在平阿县（今安徽怀远县西南），与王凌驻军寿春相连成片。令狐愚同样担心司马懿株连到自己，和王凌甥舅二人一拍即合，决定谋反。

令狐愚，字公治，太原人。令狐愚原来名叫令狐浚，魏文帝曹丕时担任护军，乌丸校尉田豫讨伐胡人有功，但在细节上有违纪现象。令狐浚按律法制裁，曹丕很不满意，说："令狐浚何其愚蠢！"因此将其改名令狐愚。

令狐愚少时有大志，大家认为他一定能光耀门楣，只有他的族叔令狐邵说："这孩子自高自大，不修品行，恐怕会给家族带来祸端。"

王凌和令狐愚不但要铲除强臣司马懿，还要推翻曹芳，因为他们认为曹芳黯弱，受制于人，不足以振兴魏室，所以要行废立。

他们看中的皇位继承人是楚王曹彪。

曹彪，字朱虎，曹操子，曾先后被封为弋阳王、吴王、白马王，公元232年，改封楚王，封地淮南郡，治所在合肥。

曹植生前与曹彪交好，曾作诗《赠白马王彪》，非常有名，写生离死别，感叹兄弟受到兄长曹丕猜忌，少年时的骨肉亲情一去不返。

曹彪的抑郁，同曹植没有区别，只不过他没有曹植的才华，不善于用文学表达。

曹魏皇室一贯不信任宗室王，命封地官员监督监察这些亲王，封地寿春的楚王曹彪，正属于令狐愚的监察范围。

王凌和令狐愚认为曹彪有勇有智，堪当大任，又一直受猜疑和排挤，必定愿意支持他们起事。公元249年九月，令狐愚派亲信张式以监察亲王为名拜访曹彪，向曹彪暗示王凌、令狐愚的意图，说："令狐使君向大王致意，天下的事未可知，愿大王珍重！"曹彪意会，默许了二人的叛乱。

我宁负卿，不负国家

反叛尚未开始就遇到了麻烦。

先是王凌的儿子王广表示反对。

王广在朝廷任尚书，王凌派一名叫作劳精的亲信，专程到洛阳，将反叛的计划秘密告知王广。正如蒋济所言，王广比他父亲更有见识。他认为“废立大事，勿为祸先”。要劳精抓紧时间返回扬州，劝阻他的父亲。王广专门给父亲写了封信，论述废立之事不可行：

> 大凡要做大事，应该得到合乎情理，得到人们的拥护。曹爽骄奢，失去了民心。何晏虚浮，难有成就，丁谧、毕轨、桓范、邓飏等人虽然有名望，但都是争名夺利之徒。加上他们轻易变更法度，不切合实际，民众不习惯，违逆他们的政令，即使他们权倾天下，最后仍落个被诛灭的下场。百姓感到安心，没有人同情他们，这都是失去民心的缘故。现在司马懿意图虽然难以揣摩，但没有做出篡逆的事情，并且能擢拔贤能，任用比自己能力强的人，完善朝廷政令，满足众人期望。曹爽作恶的事情，他都引以为戒，一天到晚不敢懈怠，体恤民众，在朝廷中有很高的声望。

况且，他们父子兄弟还掌握着军队机要，不是那么容易灭亡的。

所谓“得民心者得天下”，王广看到这一点，知道举大事难以成功，所以试图劝阻父亲。但王凌见识不如儿子，他认为自己手握重兵，才能不在司马懿之下，成功的概率非常大。

第二件不如意的事情，是还未起兵，令狐愚却死了。

这年十一月，令狐愚再派张式去见曹彪。可惜，张式尚未回来，令狐愚得了暴病，“出师未捷身先死”。

令狐愚的死，对反叛活动是重大打击。不仅王凌失去了同盟军，而且导致活动提前泄露。

令狐愚作为兖州刺史，有两位副手：兖州别驾单固、兖州治中杨康，他们既是工作中的上下级，又是政治上的莫逆之交。谋反的事情，二人也参与在内。

令狐愚一死，二人作鸟兽散，单固辞官回家，杨康则被调到中央。到洛阳后，杨康贪恋富贵，卖友求荣，将谋反的事报告给司徒高柔。兹事体大，高柔不敢怠慢，马上报告给司马懿。

老谋深算的司马懿马上采取三项措施：一是羁押杨康，封锁消息，以免打草惊蛇。二是派一个叫黄华的可靠的人接替令狐愚职务，完全瓦解兖州军和扬州军的联盟。三是秘密做好战争部署，防止突发事件。

司马懿之所以没有直接攻打或者拘捕王凌，主要是令狐愚已死，杨康一面之词，难以给王凌定罪。王凌又居太尉高位，曹彪更是元老级王爷，处理得稍有差错就会被动。

他要等曹彪、王凌完全暴露之后，一举歼灭，这样才能不留后患。

对敌人，司马懿一向置之死地而后快，要么不下手，要么斩草除根，决不含糊，决不拖泥带水，对孟达如此，对公孙渊如此，对曹爽如此，这次，对曹彪、王凌也如此。

王凌对这些全然不知。次年，火星出现在南斗星的位置上，天象占卜师说，斗中有星，当有暴贵者。王凌认为这暴贵之人，一定会应在自己身上，于是反叛的决心更加坚定。

公元251年，正月，孙权想了个狠招，在建业城北边长江支流上修筑堤坝，迫使水向北漫过江堤，淹没北岸魏国土地。王凌以此为借口，上奏朝廷要求增拨军队，以便伐吴，其实是想控制更多的军队，增加反叛力量。

司马懿心如明镜，理所当然地予以拒绝。

王凌深感力量单薄，经过仔细考虑，决定还是要争取兖州兵力。他派心腹杨弘作为说客，去说服新任兖州刺史黄华。没想到，杨弘是见风使舵之人，见王凌力量弱小，知道举事难以成功，竟主动和黄华串通，联名向朝廷写信举报王凌。

这一次证据确凿，司马懿不再犹豫，马上奏明皇上，亲自带兵征伐王凌。

四月，司马懿大军到达汝南郡项县，然后从颍水走水路，顺流而下，再转淮水，直扑王凌的治所寿春。

这时，王凌还蒙在鼓里，不能确定司马懿发兵是何用意。他派使者以慰劳军队为名，到司马懿军营试探风声。不料他派出的使者还没有回来，司马懿派的使者倒先期赶到。

原来，司马懿故技重演，用对付曹爽的办法对付王凌，写信要王凌认清形势，放弃抵抗，并让王凌儿子王广随军，给老父亲写去劝降信。最后，使者宣读了皇帝诏书，赦免王凌谋逆之罪。

这一年司马懿七十三岁，王凌八十岁，两员久经沙场的老将如果对战，结果将如何？

王凌能够调动的军队不足万人，他需要对阵三股部队，一是司马懿数万人，二是黄华兖州部队，三是将军杨弘叛变后带走的一部分军队。

双方力量悬殊，司马懿又以朝廷之名，占据道义优势，这仗没有办法打。

虽然见识过司马懿对曹爽的出尔反尔，但王凌别无选择，只好投降。

五月，司马懿大军到达丘头（今河南沈丘县），王凌派掾属王彧把象征权力的印绶、节钺亲自奉上，同时给司马懿写了封谢罪信，信中说：

我长期蒙受国恩，却不思报答，外甥令狐愚蛊惑造反，我当即斥责呵止，但却隐瞒不报，是杀头大罪。我愧对朝廷，不敢祈求圣恩浩荡，苟全活命。生我的是父母，能够让我活命的是太傅您呀！

我既犯下滔天大罪，承蒙宽恕，不予追究。现在让下属送上印绶。即使您愿意私下关照，但国法难容，接下来，我会将自己绑上，到您面前负荆请罪。

这是投降书！司马懿一阵高兴，嘱咐手下安排受降仪式。

果然，两天后，王凌的船只来到武丘。

朝廷大军乘坐大船在河上列队迎候，旌旗招展，威武雄壮。

王凌把自己绑起来，跪在船上请罪，太傅府的幕僚上前给他松绑。王凌以为司马懿宽恕了他，不再怀疑，跳上幕僚为他准备的小船去见司马懿。

离司马懿大船十余丈的时候，司马懿派人阻止，不准他上前。

王凌感到势头不对，隔空向司马懿喊话："太傅写支短简召唤一声，我哪敢不过来，还需要率领这么多军队来吗！"当时重要的书信都写在竹简上，所以用竹简代指书信。司马懿也大声回答道："因为您不是一支短简就能召来的人。"听了这话，王凌才知道上了司马懿的当。司马懿没有宽恕他，只是为了避免负隅顽抗，才欺骗他上了小船。

王凌大叫："卿负我！"司马懿义正词严："我宁负卿，不负国家。"

说完让士兵将王凌收押。

把他们统统送上刑场

王凌自知罪无可赦，抱着最后一线希望，让人传话，告诉司马懿，自己已经准备好了棺材板，只差钉子。他想试探一下，根据司马懿的反应判断会不会被杀头。

司马懿果断派人送来钉子，满足他的要求。王凌这次彻底绝望了。

司马懿先派六百步骑将王凌押送洛阳，自己在扬州处理善后。

这一天，王凌被押解到项县（今河南沈丘县），心有所触，要求在这里休息一晚。

曹操去世时，谏议大夫贾逵操持丧事、维持秩序，立下不世之功，曹丕感恩戴德，任命贾逵为豫州刺史。此后在豫州刺史任上八年，直到去世。贾逵兴修水利，发展农业，关心生产，强军安民，很受豫州老百姓爱戴。他死后，当地百姓怀念他的功绩，为他建庙立祠。

项县属豫州陈郡，就有一座贾逵祠，并且很有名气。明帝曹叡曾经路过这座庙，感贾逵忠勋，特意下《入贾逵祠诏》，写道："昨过项，见贾逵碑像，念之怆然。古人有言，患名之不立，不思年之不长。逵存有忠勋，没而见思，可谓死而不朽者矣。其布告天下，以劝将来。"

王凌到项县，看到贾逵祠，想起明帝"存有忠勋，没而见思"的评价，而自己一生忠心耿耿，于今被毁于一旦，内心不免伤感万分。他要求到贾逵庙祭拜。在贾逵像前，王凌大呼：“贾梁道，王凌一向忠于魏国社稷，你若有神灵，一定知道！”

当天晚上，王凌长叹：“行年八十，身名俱灭。”遂自杀身亡。

王凌起事，谋划两年，尚未付诸行动，就偃旗息鼓，身死名裂。

再说司马懿，在寿春展开大拘捕行动。凡与王凌谋反有关人等，一律问罪，皆夷三族。

在令狐愚和楚王曹彪间传话的张式自首。

令狐愚心腹单固，字恭夏，山阳（今河南修武县）人。令狐愚与单固的父亲关系好，辟召单固，单固不愿出来做官，遂以有病为由婉拒。然而令狐愚锲而不舍，多次亲自到单府相请。单固的母亲夏侯氏劝单固说：“令狐使君和你的父亲是多年好友，所以才屡次召你为官。你年龄也不小了，家族家业需要你来振兴，还是去吧。”单固不得已，才跟随令狐愚，做了兖州别驾。

兖州治中杨康在洛阳举报令狐愚，牵连单固，司马懿派人将他押解到寿春，问：“你知道谋反的事吗？”单固回答：“不知。”司马懿又问：“令狐愚到底有没有打算造反？”单固回答没有。司马懿将单固及其家属打入大牢，送到廷尉处拷问，单固仍不招供。司马懿将杨康召来，与单固对质，单固无话可说，骂杨康道：“你不但对不起使君，又灭我族，不得好死，我看你也难活长久！”

坐实罪名后，廷尉安排单固全家相见。单固因自己连累家人，不敢抬头看他母亲。母亲知道他的心思，说：“恭夏，你本来不愿意出去做官，是我强迫你的。你作为别人的部属，就应该为上司担当，你做得没错。现在我们家遭难，我没有遗憾。你有什么话尽管说。”但单固一直低着头不说话。

杨康卖友求荣，本以为会加官晋爵，荣华富贵，不料，司马懿看不起这等小人，以他的供词前后有矛盾为由，与单固一并处斩。

临刑时，单固又骂杨康：“老奴才，你死有余辜，只是如果死后有知，你有何面目见我跟令狐大人！”然后从容赴死。

王凌那位很有才干的儿子王广，也未能幸免。

后来，司马懿将整个案件汇报给朝廷，朝廷在廷议的时候认为，谋逆是大案要案，即使死者也不能免除惩罚。他们把王凌、令狐愚的尸体从地下挖出，在集市上暴露三天，警示后人。王凌、令狐愚的印绶、官服被焚烧。尸体再入土时，不得穿衣服，不得有陪葬品。

接着，皇帝曹芳派人到楚王府宣读圣旨，对曹彪严厉斥责，令其自杀。楚王王妃和子女被贬为平民，发配平原县居住。又派侍御史前来协助司马懿，将楚国与案件有牵连的官员全部收监。曹彪属官、监国谒者也受到追究。

可怜曹彪，虽然没有死到曹丕的猜忌之下，却仍难逃皇室倾轧。

曹彪事件为司马懿进一步打击曹魏皇族势力提供了借口。他奏请皇帝，诏令曹魏所有宗室近亲，全部离开各自封地，移居邺城监视居住，集中监察管理，亲王之间、亲王与外人不得私自接触。这样一来，曹魏宗亲实质上全部被软禁。而看管这些王公贵族的长官，是司马懿的第五子司马伷。

这一举措，是对魏国皇族势力的致命性打击。魏国本来皇族势力绵弱，现在被集中软禁，成为待宰羔羊，没有一丝能力挽救曹氏政权于衰败之中。

对于皇帝曹芳来说，司马懿再建功勋，必须赏赐。然而已经赏无可赏，只好仿自己先祖曹操故事，封司马懿官拜相国，爵晋安平郡公，子孙亲属十九人皆封侯。

相国位同丞相，可以独揽朝政。公爵可以建立宗庙，独立成国，任命国内大小官员。曹操晚年，为了建立公国，让皇帝加封“魏公”，绞尽脑汁，费尽力气，不惜杀掉他的左膀右臂荀彧。现在，曹芳将“公国”举手相送，这是一份天大的厚礼。

依据惯例，封公国，意味着早晚要取代帝国，成为这个国家新的主人。司马氏王朝，呼之欲出。

然而，这不是司马懿想要的。司马懿从小受儒学滋养，家教甚严，忠孝悌爱是立身之本，要做篡位的逆臣，他思想上转不过弯。

并且，他侍奉曹操、曹丕、曹叡三代，对曹家感情深厚。特别是曹丕，待他如知己，篡夺恩人后代的皇位，他内心不安。

再者，刚统揽朝廷大权才两年，根基远不能说稳固，现在露出篡位苗头，风险很大。

还有一个原因他不能不考虑。是年，他已七十三岁，身体每况愈下，即使做了公侯，又能威风几天？如果儿孙不争气，到头来只会招来更大祸端。他知道，这不划算。

他是冷静沉稳之人，从没有被权势和利益蒙蔽头脑。这一生，自始至终，一直是，现在还是。于是，他坚决辞掉皇帝的嘉赏。

不久，司马懿身体染病，经常做噩梦。梦里，王凌、贾逵化作厉鬼，面目狰狞，一个立于床头，一个立于床尾。贾逵喝道："王彦云魏之忠臣，皇帝诏令赦免了他，你为什么赶尽杀绝！"王凌则阴森森地叫道："还我命来……"

司马懿常常惊惧而醒，七十三岁的身体无法承受这样的惊扰。

公元 251 年 9 月 7 日，农历八月初五戊寅日，司马懿病逝于洛阳。

自己定制的葬礼

临终前，司马懿做了两件事。

一件是派人去锦屏山请胡昭，他想再见老朋友一面。然而，使者回来复命，胡老先生已早他一步先去，走时十分安详。他在写好一幅隶字之后，坐在茅屋前，回望锦绣洛阳，对身边童子说："我要睡了，不要打扰我。"然后阖目而逝。

司马懿接过胡昭最后一幅书法作品，竟是斗大的一个"忍"字……

司马懿做的第二件事，是对自己的丧事做了安排。

第一，墓地选在首阳山脚下。首阳山在洛阳城东北（今属偃师市），东西绵延三十余里，是邙山的最高处。首阳山南，枕邙山，望伊洛，背山临水，是墓葬的风水宝地，东汉、曹魏皇陵都在附近。

第二，不树不封。常人墓葬，要起坟冢，称为"封"；在坟冢中央插上柳枝，来年返青发芽，成长为柳树，称为"树"。司马懿则遗嘱不树不封，不建立任何标志。过去陪葬丰厚，盗墓现象非常严重，不设标志，别人找不到坟茔，可以避免盗墓。曹操、曹丕临终都要求坟墓不树不封，司马懿因循照做。

第三，殓以时服。入殓时穿日常服装，不要穿朝服，不另做华丽丧服。

第四，不设明器。不得陪葬各类器物。服装和器物，都体现了司马懿一贯的节俭作风。

第五，后终者不得合葬。之后去世的亲人，一律不得与自己葬在一起。司马懿为人低调、隐忍、阴沉，希望死后一如生前般不受惊扰。

农历九月十八日，秋风萧瑟，洛水微寒，司马懿遗体入葬首阳山麓。皇帝曹芳亲自素服临吊，彰显尊崇。

魏国朝廷经过讨论，加司马懿谥号为“文贞”，后来又改为“宣文”。

同年十一月，朝廷将已故功臣灵位置于魏太祖曹操庙中，以配享祭祀，司马懿因位高爵显，列为第一。

子司马昭封晋王后，追封司马懿为宣王；孙司马炎建晋朝后，尊司马懿为宣皇帝，庙号高祖。其陵改名高原陵。

司马家族一向长寿、多子，司马懿也不例外，他一生娶了四个妻妾，分别是正妻张春华，侧室伏夫人、张夫人、柏夫人。四位夫人为他生了九个儿子，其中张春华生育三子：司马师、司马昭、司马干；伏夫人生育四子：司马亮、司马伷、司马京、司马骏；张夫人生育一子：司马肜；柏夫人生育一子：司马伦。

司马懿无意篡权，但有心保护家族利益。生前，他对家族进行了政治安排。至他去世时，这些儿子们大多因为他的功劳，全部封侯。其中司马师、司马昭、司马伷在朝中有了实质性权力。

长子司马师，封长平乡侯，加卫将军，统率京师部队；

次子司马昭，封新城乡侯，为安东将军、持节，镇守东都许昌；

五子司马伷，封南安亭侯，宁朔将军，负责监守邺城的魏室王公。

司马懿的弟弟司马孚，这一年也已经七十二岁，王凌死后，代替王凌任太尉。太尉是三公中负责军务的，也是三公中排名最前的一位。这样，司马家族中有四人掌管着军权。

魏国军阶分六品，名称繁杂。司马师的卫将军为第二品，卫将军上面有第一品大将军，以及同属第二品的骠骑将军和车骑将军。曹爽死后，大将军空缺；骠骑将军是推荐曹爽和司马懿任辅政大臣的孙资，与司马懿同年去世；车骑将军是司马懿的老部下郭淮。所以，司马师作为卫将军，貌似低调，实际上已经高高在上。

司马昭的安东将军为第三品，但许昌是陪都，政治地位和地理位置都十分重要。

司马伷的宁朔将军为第四品，但监管魏国宗族，防止他们掌握大权，护卫皇室，也是要害岗位。

这四个人，基本把持了魏国军权，司马懿不用担心在他死后，司马家族被政治清算和政治迫害。

司马懿还发现和提拔了许多忠心耿耿的人才，后来成为子孙们的得力干将。

石苞，字仲容，渤海南皮（今河北南皮东北）人。魏时人们开始注重仪表面貌，石苞长相俊美，时人谓“石仲容，姣无双”。他认识的官员都很赏识他，认为他的才能能够做公卿宰相。但他的理想只是想做一个县吏，仕途也一直不顺，种过地，赶过车，卖过铁。幸运的是，一次在长安卖铁，结识司马懿，司马懿将其擢升至尚书郎，后担任中护军司马师的司马。司马懿死后，历任东莱太守、琅琊太守、徐州刺史。后来进入军中，领兵参与过伐吴和平叛，多有战功，任骠骑将军，督扬州军事。司马炎篡魏建立晋国后，石苞迁任大司马、司徒。

州泰，南阳郡（今河南南阳）人。司马懿在宛城督军时，州泰是荆州刺史的从事，多次作为使者拜访司马懿，被司马懿熟识。征讨孟达时司马懿任命他率先头部队，后擢升为新城太守，又历任兖州刺史、豫州刺史。

司马懿去世后，州泰任军职，为征虏将军，在讨伐东吴、平息诸葛诞叛乱中多有建树。

王基，字伯舆，东莱曲城（今山东招远市）人。王凌任青州刺史时，王基被辟为别驾。当时治理青州的政绩，主要出自王基。王基名声逐渐传播到外面，司徒王朗打算辟召他，王凌不放人。司马懿做了大将军后，也非常欣赏他，打算辟召他，结果朝廷将他提拔为中书侍郎。曹爽专权时，奏请他担任府中幕僚，后下放到地方任太守。曹爽被杀，作为下属官员，王基应受株连，但司马懿爱其才，赦免了他，不久又任命他为尚书，后出任荆州刺史，加扬烈将军。王基由是感激，一心效忠司马氏。司马懿之后，王基在平定两次淮南叛乱中都立有大功，官至征南将军、督荆州军事。

傅嘏，字兰石，北地泥阳（今甘肃宁县米桥乡）人。傅嘏因得罪何晏被罢官，司马懿趁机辟为太傅府从事郎中，把他纳入自己阵营。司马懿死后，傅嘏依然以高级参谋的身份辅佐司马师和司马昭，为他们提供很多有价值的谋略。

胡遵，安定临泾（今甘肃镇原南）人。胡遵最初在凉州刺史手下为官，司马懿督雍、凉军事时，将他收归己用。远征公孙渊，以他为助手。司马懿死后，一直带兵防御东吴，官至卫将军。

此外，还有邓艾、王昶、卢毓、陈泰、王肃等，或于高平陵政变前，或于其后，受过司马懿推荐，感念其恩，是司马懿留给家族后代的重要遗产。

第十章

生前身后：兴废有凭

司马师：短暂而不简单

司马师，字子元，出生于司马懿未出仕时。司马懿去世后，司马师虽然只是卫将军，却事实上掌握了朝政大权，特别是军事大权。不久他迁为抚军大将军，录尚书事。司马懿的第一个军职就是抚军大将军，司马师也算“子承父业”。抚军大将军与卫将军都是军阶第二品，虽是平职，不过由专门负责京城部队，变为统率全国部队，职权范围大了许多。更重要的是加上“录尚书事”，又掌握了行政大权。

次年，司马师升为大将军，加侍中，持节、都督中外诸军，录尚书事。这时，司马师终于名正言顺地将军政大权集于一身。

司马师继承了司马懿的优秀基因，在政治上颇多建树。

司马师广揽人才，为巩固司马氏统治夯实基础。他下令百官举荐贤才，很快在父亲遗留人才的基础上，组建了忠于自己的班底，包括傅嘏、虞松、钟会、贾充、王祥、阮籍、王肃、荀顗、许允、卢毓、石苞、鲁芝。一时间人才荟萃，百舸争流，整个时代蒸蒸日上。这些人，无论治国理政，还是带兵打仗，或者参谋策划，都不输于三国群雄争霸时。

内政方面，他强调礼制，以孝道治国。对官吏整顿纲纪，使其各有职掌。对民众关心体恤孤寡残弱和下层人民，在士民中积累了良好的口碑。

主政时间不长，就威信卓著，朝野肃然。

魏朝三十多年，积弊颇深。有人主张进行改革，司马师认为不是改革时机，他深知刚刚执掌朝政，最大的政治任务是稳定局势，所以吸取王莽等人的历史教训，不随意更改制度，不折腾。他说：“‘不识不知，顺帝之则’，诗人之美也。三祖典制，所宜遵奉；自非军事，不得妄有改革。”意思是，《诗经》上说：“搞不清楚不了解的事情，就按照先帝制定的规则去做。”曹操、曹丕、曹叡三祖的典制，应该遵守奉行。不是战争的特殊要求，不能随便改革。

为了笼络皇室中最有势力的郭太后，司马师采取联姻手段，让郭太后成为司马氏“内援”，郭太后的侄子郭德，先娶司马师之女为妻，妻死后，又续弦司马昭之女。

司马师接替司马懿，短短几年在魏国朝野树立起威信，绝非偶然。

公元 252 年，司马懿去世后第二年，吴大帝孙权病亡，刚刚主持朝政的司马师迫不及待地想要建功立业，十一月发动了讨伐东吴的“东兴之战”。

魏国主帅司马师，下令兵分三路进攻吴国：征南大将军王昶进攻南郡，镇南将军毌丘俭进攻武昌，征东将军胡遵、镇东将军诸葛诞率七万大军攻打东兴（今安徽含山县）。吴国的统帅是大将军诸葛恪，命人在东兴建筑堤坝，并在两山间筑城两座，严加防守。胡遵率军攻打两城，不下。东吴增援部队赶到，突袭胡遵，魏军大败，死数万人。

司马师刚刚接过权柄就受到兵败的考验，他将责任全部自己承担起来，仅对监军司马昭进行降级处理，其他将领只是对换了防区。由于处理得当，他的权力和权威没有受到太大影响。

很快，司马师就以一场胜利报了东兴兵败之仇。

次年，诸葛恪率二十万大军攻打合肥新城，司马师命司马孚率二十万军防御，相持数月，东吴兵力力竭。扬州刺史文钦、镇东将军毌丘俭趁机大败吴军，斩首万余人。

双方一来一往，打了个平手。

司马师从小精明强干、阴鸷刚狠。他和第一任妻子夏侯徽感情非常好，夏侯徽的父亲是征南将军、荆州刺史夏侯尚，母亲是曹真妹妹德阳乡主，兄长是夏侯玄。明帝曹叡时，司马懿权力已经相当大，夏侯徽敏锐地感觉到司马师对朝廷离心离德，内心非常痛苦。司马师得知后，不安，竟弃绝夫妻恩爱，鸩杀了夏侯徽。

司马懿即使大权在握，对皇帝太后也很谦恭。司马师对魏室没有感情和责任负担，因此和魏室的矛盾不断加深。公元254年，中书令李丰联络不得志的国丈张缉、太常夏侯玄，计划发动政变，废除司马师。司马师似有察觉，产生怀疑，把李丰找去谈话，致使事情败露。司马师杀掉这些人，并逼迫曹芳废掉张缉女儿张皇后。

同年秋，中领军许允密谋夺取司马昭兵权，但曹芳胆怯，不敢下诏。司马师因此流放许允，并奏请郭太后，废曹芳为齐王，另立曹叡侄儿、高贵乡公曹髦为帝。曹髦年仅十三岁，不能亲政，司马师对政权把控更加专断。

十月，司马师获准入朝不趋、奏事不名、剑履上殿。

废立乃国之大事，一向敏感，最容易引起激变。司马师擅行废立暴露了权臣的政治野心，理所当然地受到魏室忠臣们强烈反制。公元255年，农历正月，镇东将军、都督扬州的毌丘俭与扬州刺史文钦反叛。他们各将四个儿子送到吴国作为人质，请为外援。二人领兵五六万进至项县，声势浩大。

其时司马师正患眼疾，眼睛上长了个瘤子。但事关重大，只好忍痛亲征，自己率十万大军屯驻汝阳（今河南商水县），留弟弟司马昭留守洛阳。同时，令王基、诸葛诞、胡遵、邓艾、钟会等带兵围攻叛军。

这些兵将中，兖州刺史邓艾军队数量最少，文钦从薄弱环节突破，先来袭击邓艾。司马师率兵偷偷地跑到文钦后面，和邓艾一起夹击文钦。文钦腹背受敌，最终在前后夹击下只好败逃，毌丘俭见势不妙，撤出项县，军队四散逃亡，毌丘俭乱中被杀，其子和文钦父子都投奔了东吴。

文钦的儿子文鸯是一员猛将，在形势不利时孤注一掷，带一小股部队夜间偷袭司马师大营。偷袭虽然没有改变军事形势，但司马师受到惊吓，眼睛伤口崩裂，眼珠翻了出来。形势不利。

司马师虽然得胜，但未能回到洛阳，因为眼疾，于农历闰正月二十八日，公历 3 月 23 日竟痛死在许昌，终年四十八岁，谥号忠武。司马炎称帝后，尊其为景皇帝，庙号世宗。

司马师执政只有短短三年多，对于司马家族来说，却是至为关键的时期。无论司马懿权力多大，他所共事的同僚，都是魏室老臣，不可能会去协助他取代魏室。到了司马师，情况有很大不同，他发展的已经不是帝国势力，而是司马氏私家的权势。

他继往开来，把司马家族从魏国的权臣发展为魏国的掘墓者。

从三年多的执政效果看，司马师出色地完成了使命。如果能够像司马懿一样长寿，他一定会展现出不亚于父亲的文韬武略。

夏侯徽为司马师生育五个女儿，但没有儿子，过继司马昭次子司马攸为嗣。司马师去世时，司马攸年仅十岁，没有办法继承权力，振兴司马家族的重任落在了司马昭身上。

司马昭之心，路人皆知

司马师将权力的接力棒交给了弟弟司马昭。

司马昭，字子上，出生于公元211年。那时司马懿出仕不久，正跟曹丕打得火热。年轻时司马懿让他在军队和地方上历练，没有大功，但长了不少见识。

司马师临终前，司马昭从洛阳赶到许昌看望他。魏帝曹髦希望趁机削弱司马氏势力，令司马昭留守许昌。司马昭公然抗旨，亲自领军队回到洛阳。曹髦无奈，只好接受既定事实，封司马昭为大将军，加侍中，都督中外诸军，录尚书事。司马昭接过权柄，独揽朝政。

各地将领或受司马氏恩典，或由司马氏提拔，都属于司马昭比较放心的人。只有诸葛诞，年轻时与何晏、邓飏、诸葛玄等浮华子弟在一起沽名钓誉，这些人先后被司马氏诛杀后，诸葛诞心中不安，暗中豢养死士，以防不测。

司马昭知道诸葛诞有异心，故意召他入朝，逼其造反。

公元257年五月，诸葛诞在淮南杀死扬州刺史乐綝，并向东吴请求援兵，正式反叛，反叛队伍达十五万左右。

司马昭决定亲自率兵征讨诸葛诞，但他对皇帝不放心，生怕不安分的小皇帝脱离视线，难以控制，于是挟持皇帝、太后亲征。

七月，司马昭率青、徐、荆、豫四州和关中军共二十六万，围攻寿春。诸葛诞吸取毌丘俭反叛教训，坚守寿春不出，以逸待劳，依仗坚城打守卫战。东吴派文钦等人率三万人增援寿春城。

每逢夏秋，寿春都会有一段暴雨天，城外地势低洼，常常被淹成汪洋大海。魏军不了解情况，在城外安营扎寨，诸葛诞以为魏军很快会溃退。不料那一年，偏偏遭逢大旱，自司马昭大军围城开始，始终滴雨未下。

时间一长，城中粮食不济，诸葛诞和文钦渐渐产生矛盾，诸葛诞竟杀死文钦及文钦儿子文鸯、文虎投降司马昭，城中军心不稳。

次年二月，寿春城破，诸葛诞被杀。

颇为讽刺的是，魏军刚刚攻入城中，当天一场大雨倾盆而下，城外魏军大营顿时变成沼泽。

司马氏不仅有实力，也有运气。

天意在司马。

王凌、毌丘俭、诸葛诞都起兵于淮南，史称“淮南三叛”。

淮南三叛被平定后，再没有军事力量能够挑战司马氏威权。

然而政治上最大挑战才刚刚开始。

公元260年，不甘心一直当傀儡，担心社稷不保的二十岁皇帝曹髦，决定孤注一掷，宁为玉碎，不为瓦全。农历五月初六夜，他诏见侍中王沈、尚书王经、散骑常侍王业，对他们说：“司马昭之心，路人皆知。我要带领你们亲自去讨伐他！”王经极力劝说，曹髦不听，将黄绢诏书扔在地上说：“就这样决定了！”然而，王沈、王业都死心塌地地忠诚于司马氏，出了宫殿，他们急忙跑去向司马昭打报告。

司马昭命中护军贾充早做戒备。

曹髦率领宿卫和太监奴仆拿起武器冲出皇宫，贾充带兵阻拦，遭曹髦呵斥，声称敢有抵抗者灭族，贾充手下兵将不敢迎战。贾充大声喝叫：“司马公养活你们，正是为了今日立功。”太子舍人成济胆大，挺起长矛将曹髦刺死。

事后，尚书仆射陈泰悲痛欲绝，对司马昭说：“只有杀掉贾充，谢罪于天下。”然而，司马昭只是拿成济做了替罪羊。

曹髦有才有志有烈性，虽败犹荣，死犹可敬。

弑君之罪，大逆不道，曹髦之死，在政治上对司马氏是沉痛打击。司马昭被迫放慢代魏自立步伐，曹魏社稷得以短暂延续。曹髦之死的影响一直延续到晋朝，晋朝虽然建立，但无法收拾人心，政权一直缺乏向心力，与司马昭弑君不无关系。

六月初二日，十五岁曹奂继位，不得不看司马昭脸色行事。

司马昭延缓篡位，还有一个重要原因，在于没有多少能拿得出手的政绩。他希望能够通过战争树立威信，把目光盯住了相对弱小的蜀汉。

当时蜀汉军队主力由大将军姜维带领，常年北伐与魏军作战，屯兵在汉中西北部的沓中（甘肃省舟曲县），汉中、成都防守极其薄弱。

公元263年八月，司马昭征兵十八万，分三路伐蜀。一路由征西将军邓艾率三万人马从狄道（今甘肃临洮）向沓中，牵制姜维，一路由雍州刺史诸葛绪率三万人马，从祁山出发进攻阴平郡（今甘肃文县）桥头这个地方，掐断姜维回援汉中、成都的后路。一路由镇西将军钟会统领十多万主力部队，从褒斜道、傥骆道两路进攻汉中。

从这三路军队分工来看，钟会为主力，负责进攻成都，邓艾和诸葛绪辅助进攻，牵制蜀军主力。

得到魏军进攻的消息，姜维请求蜀后主刘禅派兵增援，把守关中通往汉中的道路要隘。刘禅听信宦官黄皓谗言，轻信魏军只是虚张声势，竟毫不设防，任由钟会大军轻松到达汉中，基本没有受到像样的抵抗。

得知汉中失守，姜维急忙率军队后撤，逼退诸葛绪，从桥头退守到剑阁（今四川省剑阁县），挡住钟会大军。两军相峙，钟会攻不下剑阁，粮食将尽，打算撤兵。

没有人料到，作为辅攻的邓艾，创造了奇迹，使这一场战争成为三国终结的揭幕战。

邓艾部队追击姜维到阴平，没有往剑阁同钟会会合，而是从阴平绕道剑阁后方，直捣涪城（今四川省绵阳市）。严格地来说，从阴平到涪城除了途经剑阁，没有其他道路。然而邓艾就是在这无路可走之处，走出了新的道路。他率领一万人，翻越剑阁西一百里外的摩天岭，经唐家河、落衣沟、阴平山、马转关、靖军山等数个崇山峻岭、激流险滩，徒步七百里，硬是到达了涪城！上山时，他们抓着树枝在悬崖边行走，下山时，他们甚至用毛毡裹住身体，从山上滚落下来。

邓艾军队从天而降，吓坏了蜀国君臣。蜀军一击而溃，后主率群臣出成都投降邓艾，同时令姜维投降钟会。蜀国灭亡。

立了大功的邓艾，骄横不逊，被诸将诬陷并杀掉。钟会更是握重兵反叛，然而将士心志各异，最后死于兵变。

魏军顺利推进，京师捷报频传，助长了司马昭威望。十月，他接受魏帝册封，爵加晋公，位迁相国，受九锡，完成了篡魏的最后一步。

正当司马昭紧急谋划取代曹魏之时，不料于公元 265 年，病死洛阳，终年五十五岁。他儿子代魏称帝后，追封其为文帝，庙号太祖。

司马孚：永远的魏臣

司马家族中，另一个不得不说的人物，是司马懿的胞弟司马孚。

高平陵政变时，司马孚协助司马师一同控制洛阳司马门，为司马氏执掌政权立下功劳。此后，被任命为司空、太尉，爵封长社县侯。

公元 253 年，东吴权臣诸葛恪进攻合肥新城，引诱魏国救援，打算歼灭救兵。司马师安排司马孚为魏国总督军，率领毌丘俭、文钦等救援合肥新城。司马孚识破了诸葛恪计谋，把大军驻扎附近威慑敌人，却不急于求战。诸葛恪围困合肥数月，一无所获，反而陷入困境。一个月后，司马孚认为时机已到，开始进攻，诸葛恪败亡。

新城之胜，不仅树立了司马师威信，而且加剧了东吴内斗，不久，诸葛恪被杀，东吴朝政陷入动荡。

公元 255 年，姜维趁司马师新丧，司马昭地位未稳，组织第八次伐魏。司马孚亲自挂帅，镇守关中，统率诸军，击退蜀军，获胜后荣升太傅。

曹髦被杀时，百官都不敢靠近，只有司马孚和陈泰走上前去，他抱起曹髦尸体，将头枕在自己的大腿上，失声痛哭道："杀陛下者，臣之罪！"并上表奏请捉拿主凶。太后欲以平民身份安葬曹髦，司马孚表示反对，和群臣上奏，请求葬以王礼。

从此以后，司马孚有意疏远司马昭，不参与司马氏代魏建晋进程。

公元 265 年，司马昭儿子司马炎逼迫魏国皇帝曹奂禅位，贬为陈留王。曹奂离京时，只有司马孚为他送行，拉着他的手，泪流满面，悲戚地说：“臣死之日，固为大魏纯臣也。”意思是，臣一直到死，都纯粹是大魏之臣。言外之意，不认同晋对魏的取代。

司马孚虽然不太配合后辈们篡魏，但毕竟对司马氏掌握政权立下过汗马功劳，辈分和年纪又长，司马昭、司马炎都不敢慢待他。司马昭封晋王时，加他为长乐公；司马孚建晋国后，封他为安平王，拜太宰、持节、都督中外诸军事。太宰就是太师，是最高的荣誉官职。每次见面，司马炎都以家人身份下拜。

受到如此尊崇，但司马孚从来没有表现出半点喜色，总是显得忧心忡忡。

司马孚是名副其实的老寿星，公元 272 年，晋朝建立八年之后，司马孚才去世，享年九十三岁，比司马懿长二十岁！死后，谥号为“献”。献者，曰聪明睿智，曰博文多能，曰圣哲有谋。

司马孚丧礼备极哀荣。晋武帝司马炎为其举哀三日，赠东园温明秘器。后世皇室礼敬宗室，“依安平献王孚故事”成为最高规格的样板。

魏明帝曹叡刚继位时，问身边人：“司马孚有他兄长的风范吗?”身边人回答道：“二人相近。”可见司马孚才能不逊于司马懿。这样有能力、有地位的人，做过尚书令，处于权力斗争的中心，也统率过军队，还享受过太傅、太宰这样的尊崇，但却没有显示出突出的才能，没有留下卓越的功勋。其实，司马孚更像一个“大隐隐于朝”的政治隐逸者，淡泊、谨慎、低调，也正因为此，司马孚受到方方面面的尊重。

司马孚最让人记忆深刻的，还是始终坚称自己乃“大魏纯臣”。

司马孚是魏国的开国元老，对魏朝一定有忠诚和留恋。面对魏晋之变，一边是故主，一边是家族，司马孚必须在士人道德、君臣伦理、家族地位乃至于个人情谊等错综复杂的矛盾中做出政治选择，这是困难的选择，他无法选择以死祭奠曹魏，也无法做出对家族不利的事情，甚至还为家族立下功勋，但这不能否定他对魏朝的情感。

家国之间，忠孝之间，无论怎样选择，都是撕心裂肺的痛楚。

死前，司马孚立下遗嘱，曰："有魏贞士河内温县司马孚，字叔达，不伊不周，不夷不惠，立身行道，终始若一，当以素棺单椁，敛以时服。"

所谓"贞士"，指志节坚定、操守方正。不伊不周，出典《汉书》，原本指的是王莽，身为宰辅不能像伊尹、周公一样辅佐朝政，反而谋取篡逆，是谴责之语，在这里是司马孚站在家族立场上进行深刻的自责，表示没有尽到做臣子的职责，听任司马氏像王莽一样篡权夺位。"不夷不惠"出自汉代儒学经典《法言》，意思是不能像周代时伯夷那样做个至死不仕的隐士，也不像春秋柳下惠那样偏执耿直，而是选择了中庸折中的处世方式。司马孚的意思是：自己没有同家族合作谋逆篡魏，也没有同他们做决裂和斗争，最终选择了听之任之和保全自己，即魏晋名士所推崇的"不屈其意，不累其身"，"立身行道、始终若一"。这表明，在内心里，司马孚始终认同自己是"大魏纯臣"，却只能试图在"不夷不惠"中寻找一种平衡。

这是司马孚对自己最中肯、最真实的评价，反映了他内心痛苦的矛盾挣扎。

司马懿子孙篡逆，司马孚则"大魏纯臣"，从不同角度去审视，都别是一种风景。

穿越历史的迷雾，怎么能读懂那些叱咤风云背后的真心、真相、真情。

英雄皆成往事

公元266年，司马昭的儿子司马炎，终于撕破政治权臣的最后一丝矜持，逼迫魏帝曹奂禅让，即位为帝，定国号晋。司马炎后世谥为武皇帝。

公元279年十一月，晋朝大举出兵二十万，展开灭吴战役。贾充为大都督，兵分六路齐发：镇军将军、琅琊王司马伷统领，从下邳向涂中（今安徽省滁州市）进军；安东将军王浑统领，从扬州向江西（今安徽省和县）进军；建威将军王戎自豫州向武昌（今湖北鄂州）方向进军；平南将军胡奋自荆州向夏口（今湖北省武汉市）方向进军；镇南大将军杜预自襄阳向江陵方向进军；龙骧将军王濬、巴东监军唐彬自巴蜀顺江东下，直趋建业。

六路大军声势浩大，吴国军队望风而降。公元280年农历三月壬寅日，王濬首先冲进建业城，吴主孙皓投降。

自公元189年起，历时九十年的战乱、分裂状态终于画上句号。英雄辈出、风云激荡的三国时期落下帷幕。

魏时，监视皇室宗亲，皇室被孤立，遇到司马懿这样的政治强人，没有人愿意拯救社稷宗庙。晋武帝司马炎吸取教训，恢复西周分封制，大封宗室。司马氏宗室繁盛，同宗得封王者二十七人，一般分封一个郡为一个王国，拥有行政、军事权力。

司马家族数代伏膺儒教，聪明睿智，然而司马炎死后，继位者晋惠帝司马衷，却智力低下，守器非才，不能正常统御朝政。晋惠帝有一个著名的政治笑话，常被后人提起，说这一年闹灾荒，许多老百姓饿死，惠帝听到汇报，惊讶地问：“何不食肉糜?”汇报的人哭笑不得。

晋惠帝皇后贾南风，是贾充的女儿，是位权力欲极强的女人。她翻手云覆手雨，发动政变，诛杀惠帝的辅政大臣杨骏、汝南王司马亮、楚王司马玮等，谋害太子，把持朝政。

公元300年，赵王司马伦以为太子复仇为名，派齐王司马冏闯入宫中，拘捕贾南风，自领相国，独揽大权，次年，竟废掉司马衷，自立为帝。齐王司马冏与之决裂，联合河间王司马颙、成都王司马颖起兵讨伐司马伦。司马伦战败被杀，军队死者近十万人。

司马冏拥戴司马衷复位，但自己不可一世，僭越无礼，长沙王司马乂又杀司马冏，司马颖、司马颙、东海王司马越复杀司马乂，司马颖强迫晋惠帝立他为皇太弟。司马越不满，起兵讨伐司马颖，局势进一步混乱。之后，并州刺史司马腾、范阳王司马虓也加入混战，史称“八王之乱”。“八王之乱”自司马亮、司马玮政变起，历时十六年，司马越成为最终胜利者。

十六年混战，中原士兵、百姓生灵涂炭，人口大幅度减少。诸王为取得战争胜利，纷纷借助少数民族力量，少数民族势力迅速膨胀，氐族李特在成都建立成汉政权、匈奴刘渊在并州建立刘汉政权。公元311年和316年，刘汉政权先后攻入洛阳和长安，晋帝被杀，西晋灭亡。此时距司马炎称帝，仅仅五十年。

此后，北方陷入混乱，匈奴、羯、鲜卑、氐、羌等少数民族政权更迭频繁，先后建立了十六个政权。

公元318年，晋琅琊王司马睿在琅琊大世族王导协助下，在建业称帝，偏安江左。后世为加以区分，建都洛阳的前晋被称为“西晋”，建都建业的后晋被称为“东晋”。

东晋立国，依靠的是琅琊王氏和江南世族的支持，所以整个东晋，世族把持政权，司马氏仅仅应了个名号而已。把持东晋朝政的，前期有琅琊世族王导、王敦，此后王、谢、桓、庾等大族轮流主导，东晋政权也一直处于动荡不安之中。后来，王、谢、庾三大家族先后凋敝，公元404年，桓玄轻而易举地废除晋帝，自立为皇帝。

不久，晋将刘裕起兵反对桓楚政权，赶跑桓玄，恢复东晋，此后十六年，刘裕南征北战，因巨大的战功，在朝中地位无人企及。于公元420年，代晋自立，为宋国，史称刘宋。东晋一百零二年国祚，司马氏一百五十四年社稷，就此终结。

西晋在短暂统一中国后，很快陷入内乱和分裂，是大一统王朝中短促而孱弱的一个，存在感很差。

究其深层次的原因，必须追溯到晋立国之前。司马师擅行废立，司马昭公开弑君，无论如何都成为司马家族的巨大污点，以至于晋国建立之后，统治者根本没有底气要求臣下效忠，只能在“孝”字上做文章，造成世族社会政治道德严重缺失。所以刘汉攻打洛阳时，盘踞在江南的司马睿，以及荆州、扬州的军队坐山观虎，无人救援，甚至幸灾乐祸，落井下石，导致西晋灭亡。

晋明帝时，王导侍坐。明帝向王导请教晋朝得天下的情形。王导叙述了司马懿的业绩和手段，又说起司马昭杀曹髦的情形。明帝大惭，把脸埋在床上说：“若如公言，晋祚复安得长远！”

对晋朝的差评，显然影响到了后世对司马氏特别是司马懿的评价。司马懿的阴暗面被放大，被鄙视，成为万恶不赦的奸逆。人们反复提起高平陵政变，以及政变后食言而肥、滥杀无辜。司马懿多次拒绝曹魏封赏的相国、公爵和九锡，这些忠于魏朝的行为，却被人有意无意地视而不见。

其实在“八王之乱”前，世人对司马懿的评价是相当高的。反叛司马氏的毌丘俭、文钦，认为司马懿是忠臣，在讨伐司马师的檄文里，盛赞司马懿“匡辅魏室，历事忠贞，故烈祖明皇帝授以寄托之任。懿勠力尽节，以宁华夏”。敌国东吴丞相张悌也十分敬佩司马懿，说：“遭值际会，托身明主，或收功于蜀汉，或册名于伊、洛。丕、备既没，后嗣继统，各受保阿之任，辅翼幼主，不负然诺之诚，亦一国之宗臣，霸王之贤佐也。”司马炎孙子司马遹很像司马懿，所以“誉流于天下”，天下一片颂扬之声。

可见司马懿深得人心。

西晋灭亡后，对司马懿的评价逐渐走低，特别是隋唐之后，更是急转直下，多以负面为主。

唐太宗李世民的评价最有代表性，收在《晋书·宣帝》后面。这段评价很长，刚好五百字，其核心意思体现在两句话里：“夫征讨之策，岂东智而西愚？辅佐之心，何前忠而后乱？”前一句说军事，在擒孟达、灭公孙时用兵如神，可是对阵诸葛亮，形势有利却不敢与之争锋；后一句说事君，在文帝、明帝时受到像萧何、霍光一样的信任，但先帝的墓土未干，就大开杀戒。唐太宗站在帝王的立场上，将司马懿定位在一个“乱”字上，从此司马懿就成了乱臣贼子的代表。

在《三国演义》里，司马懿是作为诸葛亮的对立面出现的，他的政治才干、军事能力、道德品行都与诸葛亮形成鲜明对比。狡诈多疑，阴险狠毒、老谋深算、欺君背主，成为司马懿的主要性格特点。

鉴于《三国演义》的巨大影响力，司马懿的形象基本被固定下来。

当然，这很不公平。《三国演义》的修订者毛宗岗看不下去，主张公平评价司马懿。他说：

> 今人将曹操、司马懿并称。及观司马懿临终之语，而懿之与操则有别矣。操之事，皆懿之子为之，而懿则终其身未敢为操之事也。操之忌先主，是欲除宗室之贤者；懿之谋曹爽，是特杀宗

室之不贤者。至于弑主后，害皇嗣，僭皇号，受九锡，但见之于操，而未见之于懿。故君子于懿有恕辞焉。

任何人都是历史上的唯一，在读者眼中却又千姿百态。

司马懿，无论忠奸善恶，爱恨情仇，都曾绚丽成一颗星，点缀过那片历史的星空。

司马懿年表

传统纪年	公元纪年	司马懿年龄	司马懿事迹	相关大事
汉灵帝光和二年	179	1 岁	出生	
光和三年	180	2 岁		弟司马孚生
光和四年	181	3 岁		诸葛亮出生
中平元年	184	6 岁		二月，黄巾起义爆发，十一月，黄巾军主力被击败
中平四年	187	9 岁		曹丕出生
中平六年	189	11 岁		1. 汉灵帝卒，子刘辨即位 2. 大将军何进为宦官所杀，袁绍尽诛宦官 3. 董卓废刘辨，立陈留王刘协为帝，是为献帝 4. 曹操、袁绍、袁术等逃离洛阳，曹操陈留起兵
汉献帝初平元年	190	12 岁	随兄司马朗逃离洛阳，回家乡温县。不久又到黎阳避乱	关东诸侯推举袁绍为盟主，讨伐董卓，董卓胁迫献帝迁都长安，尽焚洛阳城
兴平元年	194	16 岁	从黎阳回到温县	
建安元年	196	18 岁		兄司马朗为曹操司空府掾属
建安五年	200	22 岁		曹操、袁绍官渡之战
建安六年	201	23 岁	被举为孝廉，任河内郡上计掾，曹操辟召，装病不至	
建安九年	204	26 岁		曹操攻占邺城，领冀州牧，以邺城为治所
建安十二年	207	29 岁		刘备三顾茅庐，诸葛亮出仕辅佐刘备
建安十三年	208	30 岁	1. 被曹操辟为丞相府文学掾，后历任黄门侍郎、议郎、丞相府东曹属、丞相府主簿 2. 长子司马师出生	1. 曹操任丞相 2. 司马朗被辟为丞相府主簿 3. 赤壁之战，周瑜大败曹操
建安十六年	211	33 岁	次子司马昭出生	
建安二十年	215	37 岁	跟随曹操进攻汉中张鲁，建议乘胜攻取益州，曹操没有采纳	

续　表

传统纪年	公元纪年	司马懿年龄	司马懿事迹	相关大事
建安二十二年	217	39 岁	迁太子中庶子，与陈群、吴质、朱铄被称为太子“四友”	1. 曹操立曹丕为魏王太子 2. 长兄司马朗染瘟疫而死
建安二十三年	218	40 岁	迁丞相府军司马，提出且耕且守的建议	弟司马孚迁为太子中庶子
建安二十四年	219	41 岁	襄樊之战，建议联合东吴进攻关羽	父司马防去世，享年七十一岁
魏文帝黄初元年	220	42 岁	1. 司马懿协助操办曹操丧事 2. 协助曹丕继王位有功，被封河津亭侯，任丞相府长史 3. 劝进有功，转封安国乡侯，转督军、御史中丞	1. 曹操去世，曹丕即魏王位，任丞相 2. 曹丕代汉自立，即皇帝位 3. 陈群制定九品官人之法
黄初二年	221	43 岁	迁侍中、尚书右仆射	刘备称帝
黄初三年	222	44 岁	留守许昌	吴、蜀夷陵之战；曹丕征吴
黄初五年	224	46 岁	留镇许昌，改封向乡侯	曹丕再次征吴
黄初六年	225	47 岁	转任抚军大将军、假节，加给事中、录尚书事	曹丕三征东吴
黄初七年	226	48 岁	1. 与曹真、曹休、陈群共为辅政大臣 2. 孙权攻江夏，督军击退吴军 3. 改封舞阳侯，迁骠骑大将军	曹丕崩，曹叡继位，为魏明帝
魏明帝太和元年	227	49 岁	1. 督荆州、豫州诸军事，屯兵宛城 2. 奔袭上庸攻孟达	
太和二年	228	50 岁	1. 正月，擒斩孟达，收捕申仪 2. 入朝向明帝献伐吴之策	1. 正月，诸葛亮第一次伐魏，张郃于街亭大败蜀军 2. 五月，东吴鄱阳太守周鲂诈降，大败曹休于石亭，不久曹休病死 3. 十二月，诸葛亮第二次伐魏，围攻陈仓，粮尽而退

续表

传统纪年	公元纪年	司马懿年龄	司马懿事迹	相关大事
太和三年	229	51 岁		1. 诸葛亮第三次伐魏，夺取武都、阴平二郡 2. 孙权称帝
太和四年	230	52 岁	升任大将军、加大都督、假黄钺，配合曹真伐蜀	1. 曹真为大司马，组织数路伐蜀，因大雨阻断道路，无果，次年，曹真病卒 2. 魏明帝下诏贬斥“浮华交会”
太和五年	231	53 岁	都雍、凉二州军事，抵御蜀军，相持数月，蜀军粮尽退兵。命张郃追击，张中埋伏身亡	二月，诸葛亮第四次伐魏
太和六年	232	54 岁	1. 关中屯田，兴修水利 2. 制造兵器	1. 辽东公孙渊对吴称藩镇 2. 魏明帝派田豫、王雄讨伐公孙渊，不克
魏明帝青龙元年	233	55 岁	延伸成国渠	
青龙二年	234	56 岁	与诸葛亮对阵五丈原，坚守不出，亮去世，蜀军退	诸葛亮第五次伐魏，病逝五丈原
青龙三年	235	57 岁	迁太尉，增封邑	魏明帝大兴土木，群臣谏阻无效
青龙四年	236	58 岁	长孙司马炎出生	陈群去世
魏明帝景初元年	237	59 岁		公孙渊自立燕王
景初二年	238	60 岁	1. 正月起兵征伐辽东，八月擒杀公孙渊 2. 增食邑至两个县	

续　表

传统纪年	公元纪年	司马懿年龄	司马懿事迹	相关大事
景初三年	239	61 岁	1. 正月，与曹爽同为托孤大臣，封任太尉兼侍中，持节都督中外诸军，录尚书事 2. 二月，曹爽奏请司马懿任太傅，持节都督中外军事，入殿不趋、赞拜不名、剑履上殿 3. 司马师任散骑常侍，后迁中护军	正月，曹叡崩，曹芳继位
齐王曹芳正始元年	240	62 岁	次子司马昭任洛阳典农中郎将	曹爽结党营私，重用何晏、邓飏等人
正始二年	241	63 岁	1. 东吴四路伐魏，司马懿带兵退敌 2. 封邑增至四个县，子弟十一人皆为列侯	
正始四年	243	65 岁	1. 率军征伐吴将诸葛恪于皖城，诸葛恪烧城移师 2. 淮南屯田	
正始五年	244	66 岁		曹爽伐蜀，无功而返
正始六年	245	67 岁		八月，曹爽裁撤禁军
正始八年	247	69 岁	1. 四月，司马懿夫人张春华去世 2. 五月，司马懿称病不预朝政	曹爽逼迫郭太后移居永宁宫
正始九年	248	70 岁	1. 司马师阴养三千死士 2. 曹爽党李胜侦探司马懿病情，受迷惑，放松了对司马懿的警惕	
嘉平元年	249	71 岁	1. 指挥和发动了高平陵事变，诛杀曹爽等八人，夷三族 2. 司马师加卫将军 3. 司马昭任安西将军，不久，转安东将军，镇守许昌	

续 表

传统纪年	公元纪年	司马懿年龄	司马懿事迹	相关大事
嘉平二年	250	72 岁	1. 曹芳命司马懿在洛阳立庙 2. 司马懿久病，不任朝请，每有大事，天子亲自到他府中征询意见 3. 司马懿父子兄弟并握兵要	司马懿至交、隐士胡昭去世
嘉平三年	251	73 岁	1. 四月，讨伐王凌，王凌自缚 2. 拘捕魏室王公，在邺城集中监视居住 3. 弟司马孚为太尉 4. 八月初五，病死洛阳，谥号文贞，后改为宣文	司马懿去世后，司马师为抚军大将军、录尚书事，总揽朝政
高贵乡公曹髦正元元年	254			司马师废帝曹芳，立高贵乡公曹髦为帝
正元二年	255			1. 司马师平定毌丘俭、文钦叛乱 2. 司马师去世
甘露三年	258			司马昭平定诸葛诞叛乱
魏元帝景元元年	260			曹髦被杀，曹奂即位
景元四年	263			司马昭灭蜀
咸熙元年	264			司马昭为晋王
晋武帝泰始元年	265		上尊号为宣皇帝，称其陵墓为高原陵，庙号高祖	司马昭卒，司马炎受魏禅让，称帝，国号晋
太康元年	280			司马炎灭吴
晋愍帝建兴四年	316			西晋灭亡
晋恭帝元熙二年	420			东晋灭亡